文芸オタクの
私が教える

バズる
文章教室

書評ライター
三宅香帆

sanctuary books

Prologue

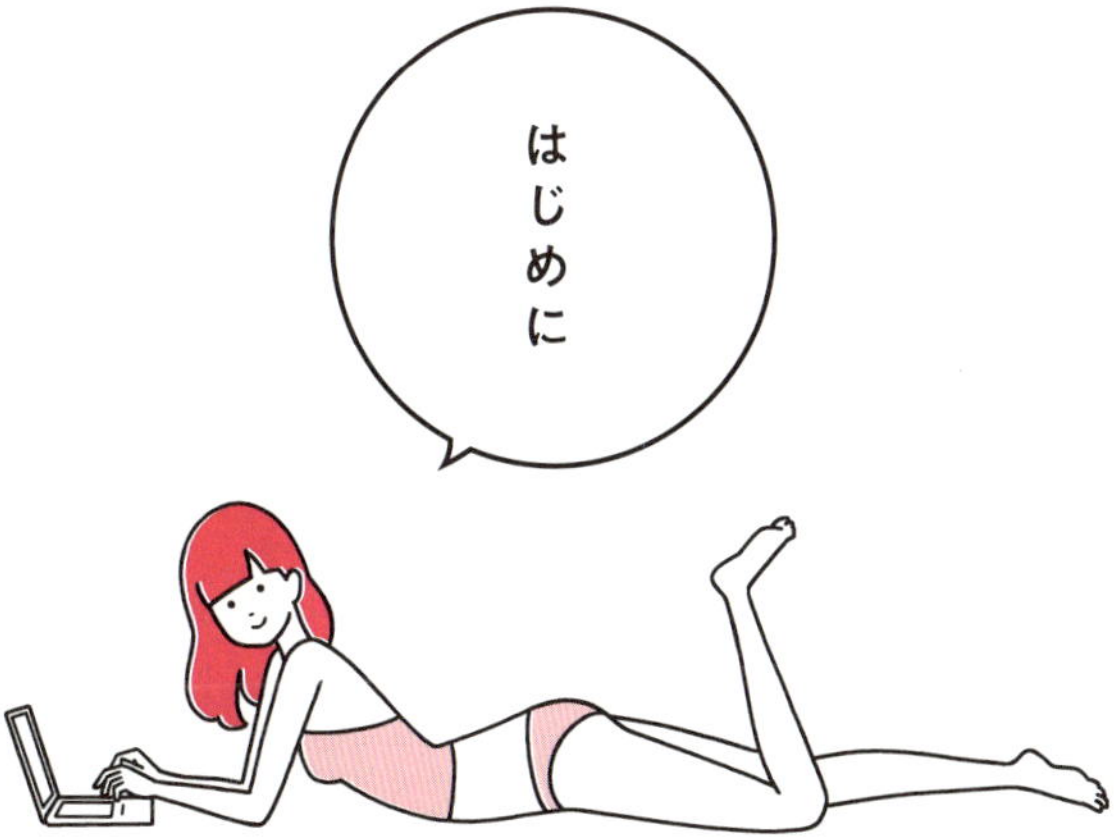

なんで私たちは、文章を書くんでしょう?

「ただ書きたいから」

「自分の記憶にとどめたいから」

「伝達手段として」

文章で楽しんでもらいたいから。

誰かが
「そうそう！」
って言ってくれたらうれしい。

おおぜいの人たちが、
「わかる！」
って言ってくれたら、もっとうれしい。

その中に好きな人がいて、
その人が
「面白かった！」
って言ってくれたら、
飛び上がるほどうれしい。

……でも、それって簡単なことじゃない。

だって現実には、
フォロワーも少ないし、
特別なネタを持っているわけじゃないし、
人と違った専門知識があるわけでもないし。

だから、
自分の考えや発見を伝えても
自分の周囲の小さな世界にしか届かない。

そんなふうに思っているあなたに、
私から伝えたいことがあります。

いったん
「文章で的確に伝える」
という〝技術的〟な考えをわきに置いてみて……

そして
「文章で楽しんでもらう」
という〝文芸的〟な目線で書いてみませんか。

あなたの思いや発見を、
届けやすくするヒントが、
文芸の世界にはたくさん集まっています。

「自分の言葉の見せ方」
を工夫するだけで、
すこしずつ、
あなたの文章を読んでくれる人が増えるはず。

そして、
文章を書くということが、
いま以上に楽しくなるはず。

書けば書くほど
もっと書きたくなってくる、
いままでになかった文章教室に、
あなたをご案内します。

この本で私は、あなたに「バズる文章の書き方」をお伝えするつもりです。

〝バズる〟というと、一般的には「(主にネットを中心に)爆発的に広まること」「たくさんの人に認知されること」という意味で使われますよね。

だから〝バズらせる〟というと、「テクニックを駆使して、一時的に大きな拡散を狙う」そんなイメージを持ってるんじゃないでしょうか。

でも、この本は「そういうことをするのが苦手」な人のためにあります。

この本の目的は、

1、(文章の終わりまで読もうかな)と思ってもらう。

2、(この人いいな)と思ってもらう。

3、(広めたいな)と思ってもらう。

そんな文章を書けるようになることです。

とはいえ、私の文章はプロ並みにうまいわけじゃありません。話の脱線、日本語の間違い、誤字脱字だって多い。持っている情報にものすごい価値があるわけでもない。

さらに打ち明けると、もともとSNSのフォロワーが多いわけでもなく、最新テクノロジーとかお金稼ぎとか、暮らしに有益な情報を持っているわけでもなく、かわいい猫を飼っていたり、気の利いたイラストが描けたりするわけでもありません。私がふだん書くのは、むしろ「小説の批評」という、あまりにもニッチな分野。読者はぜったい少ない！　と思われる分野です。

でもそんな分野でも、何度も「バズる」ことがあったんです。

はじめは、書店でアルバイトをしていたときにブログに書いた「おすすめ本の紹介記事」がバズりました。アクセスが集中してサーバーが落ち、最終的に「はてなブックマーク」で年間2位になりました。それから、私の記事のアクセス数はちょっとずつ伸び続け、今ではベストセラー作家さんや、紅白に出るようなミュージシャン、有名女優さんといった、〝言葉のプロフェッショナル〟の方々が、私の記事を読んでくださるようになりました。

フォロワーも、特別有益な情報も持ち合わせていない私でも、インターネットで「バズる」ことがあるんです。

でも、うーん、なんでだろう？　はじめのうちは自分でも不思議でした。

だって私はぶっちゃけ「バズる」ことを狙ったわけじゃない。ていうか、「おすすめ本の紹介記事」が拡散されるなんて、そもそも期待すらしていない。だけど「バズった」。

このギャップが生まれているのはなぜか？　出た結論はこれ。

「文章の内容や情報の価値について悩まずに、文章でみんなに楽しんでもらうことを優先していたから。そして読んでくれた人に「いいなあ、この文章」って好感を持ってもらおうと工夫していたから」なんじゃないかなって。


もちろん、バズることを目的として、バズらせる方法もあるでしょう。

いかにもバズりそうな、ちょっと過激なことを書くほうが、手っ取り早いと思われる方もいるかもしれません。一般的には、

〈フォロワー数を増やす〉〈影響力の高い人とつながる〉〈暮らしや仕事に役立つ、レアな情報を伝える〉〈動物や子どものかわいいハプニングを、イラストや写真で伝える〉〈どこかに危険が迫っていることを知らせる〉〈政治やニュースや世の中の間違いを正す〉

などが、バズらせる法則としてよく知られています。

でも、そうやってもしバズらせることができたとしても、中身をともなわなければ、一過性のもので終わりやすい。一時的なブームで終わらせないためには、「みんなに好きになってもらえる文章」を書けるようになることが、一番の近道だと私は思ってます。

そもそも、私たちはなぜ文章を書くんでしょう。

SNS、ブログ、メール、報告書、プレゼン資料、手紙、企画書、レポートなど、形式はさまざま。でも、すべてに共通するのは、自分の思いや考え、発見を知ってほしい。そして、できれば「面白いじゃん」って思ってもらいたい。

そのために、ユニークな体験をしたり、キャッチーなタイトルを考えたり、語彙を増やしたりするなど、日頃から努力している人もいるでしょう。

でも、私がなによりも書き手に必要だと信じているのは、シンプルに「どうすれば読み手に楽しんでもらえるか?」という視点です。

だから、人気の作家さんをはじめ、アイドルからインフルエンサーの文章にいたるまで、私はおそらく日本中の誰よりも「読んでて楽しい文章の法則」を研究してきました。

「読んでて楽しい文章の法則」って、言ってしまえば、今まで「文才」と呼ばれ、「あの人には文才がある」「私には文才がない」などと抽象的にとらえられてきたもの。

でもそれを、私は長年かけて、一つひとつがんばって〝法則〟として言語化してきたんです。

それをまとめたのが、この本です。

自分のことを、誰かにわかってもらいたい。知ってもらいたい。

多かれ少なかれ、きっと誰もがそう思っていますよね。

これからもっと、あなたが思っていること、知っていること、聞いてほしいことを「文章」にして、好きな人に、大切な人に、そしてまだ出会っていない誰かに、楽しんでもらいましょう。

Contents

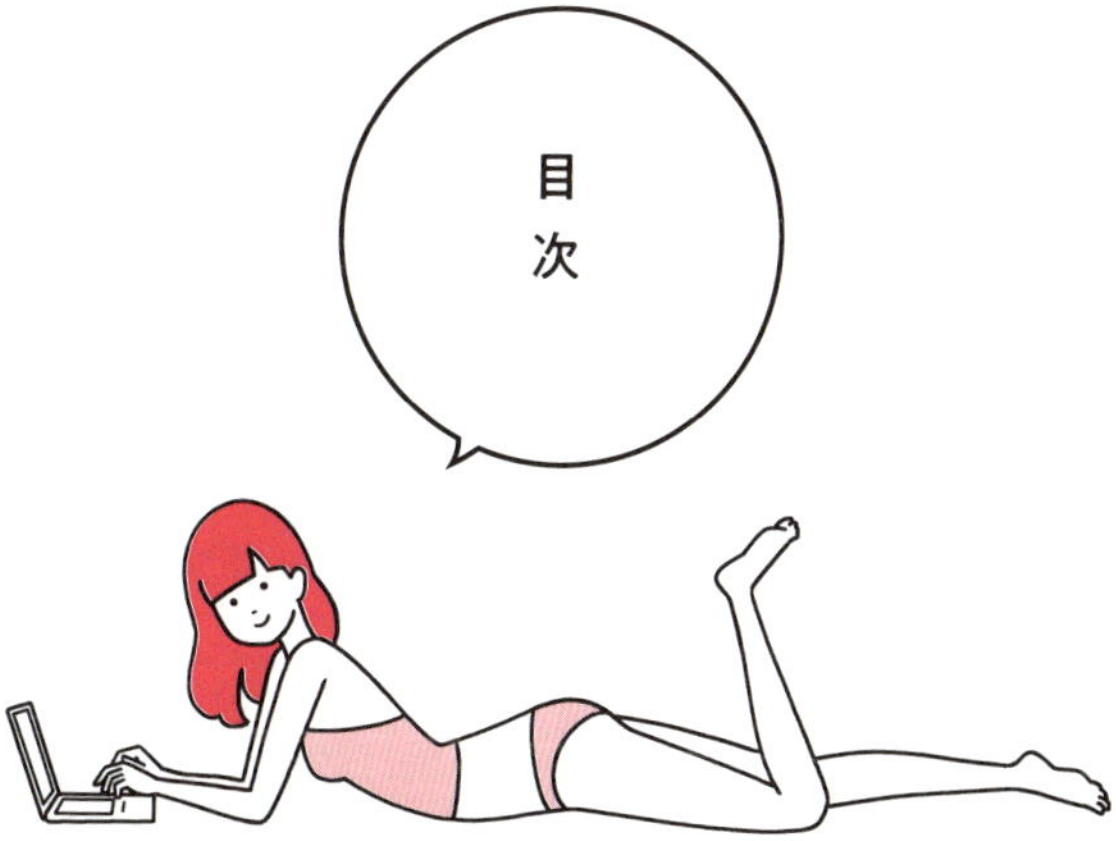

CONTENTS

CONTENTS

CHAPTER 3

バズる組み立て

CONTENTS

CONTENTS

CHAPTER 4

CHAPTER

1

バズるつかみ

BUZZ RU TSUKAMI

良心的釣りモデル

バズるつかみ

しいたけ.の誘引力

最初に意味不明な言葉を放り込む。

え？　いまこのコ、なんか変なこと言わなかった？

垂らされた釣り糸には、うっかり、ひっかかっちゃうもの。

映画でもドラマでも漫画でも、しょっぱなに「これはどういう意味……？」って気になる場面があると、ついついそのまま見続けてしまいます。ほら、いきなり手がハサミのキャラクターがいるとか、突然丸くて青いロボットがひきだしから現れるとかすると、「どういうこっちゃねん？」と目が離せなくなる。

これ、文章でも一緒だと思うんです。最初になにか〝ひっかかり〟があると、どうしても続きを読みたくなるんですね！

ここでお手本にしたい文章は、女性に大人気の占い師・しいたけ.さんの、とある日のブログ。年齢も素性も顔も不明なしいたけ.さんですが、どっこい、しいたけ.さんのブログを読むと「なんか親しみやすくて、信頼できるひとだなぁ……」となぜか心を許してしまうんです。

これって、すごいことじゃないですか？

勝手な持論を展開いたしますが、そもそも「占い」の解説って、ものすごく高い文章力が必要だと思うんです。だって占いって、そもそも……ちょっとあやしいじゃないですか。生まれた日によってあなたの運命が決まるなんて、そんな勝手に私の人生決まってたまるかよ、と反発するのがフツーです（すみません、でも私、わりと信じちゃうんですけど）。

でも、ならばなぜ女性誌に毎月「今月のあなたの運勢☆」が載ってるかっていえば、それはひとえに「占い師の文章がめちゃくちゃうまいから」だと思うのです……。〈あなたはいま大変な思いをしてるかもしれないけど、大丈夫、これから運気が上がりますよ〉と語りかければ、全国に存在する何万何十万という読み手が「あ、これ私に向けて書かれてる言葉かも……？」と感じさせてしまう。（当たるわけないでしょ）と顔をしかめている人も、読めば（もしかしたら当たってるかも……）と無視できない。そんな文章こそがリアル占い師の文章。しかも、雑誌などで有名な人気占い師のコラムなんて、超一流の文章なんです、きっと！

そんな占い師しいたけ．さんの単なる日常ブログにも、その文章力は遺憾なく発揮されております。

お盆休みに広島県の福山の神石高原（じんせきこうげん）ホテルというところで名越康文先生の合宿に参加してきました。

すごく実り大きな2泊3日になって、改めて、なんで「合宿」というものに参加しようと思ったかと言うと、合宿ってポロリが多いんですよね。

ちゃんと説明

カタカナにすることで「ひっかかり」↓「なに?」と思わせる!

ポロリとは何かについて説明したいんですけど、合宿を主催した名越先生って著名人だし、そういう著名人とか教壇の前に立つ方って、想像以上に自分の言動に気を付けているのです。

具体的「ポロリ」の説明!

でも、合宿中とかって「これは教科書とかには載せられないし、大きな声で話したら誤解をされるかも知れないから言えないけど」っていう、ポロリが多い。僕は勝手に、その「ポロリ」がその人の本筋に根差した、知恵の結晶だと想っているのです。

まとめ　わかりやすいし、ついていきやすい〜。すごい

〜しいたけ．「しいたけのブログ」より

この文章の最大のポイントはどこでしょう。つい目を奪われる箇所はどこかということ。

そうです、〝ポロリ〟です。しいたけ．さんは、とある先生の合宿に参加してきました、と切り出し、そのまま合宿における出来事を話すのかと思いきや、突然登場させる言葉が〝ポロリ〟。(え、なんのこと⁉) と読者はドキッとする。だって「合宿でのポロリ」って……なんかこう、やらしい感じがしません⁉　気になる。

そこでしいたけ．さんは、きちんと「ポロリとはなにかについて説明したいんですけど、」「……聞こえますか……今、ポロリという言葉が気になったそこのあなた、安心してください。ちゃんと今から説明しますから」というふうに、裏メッセージを読み手の心に直接呼びかけるようにして、こっそり伝えてくれます。(なんのこと⁉) と最初に戸惑わせておいて、「ちゃんと説明しますね」ってにこっと笑いかける。読者が〝ポロリ〟でひっかかることをきちんと予測しているわけです。「読み手がひっかかる」→「書き手がそのひっかかりを取る」このくり返しこそが、占いという、相手が特定できないようなメッセージを、読み手全員に「私に向かって語りかけてくれてる……？」と思わせる文章に仕立て上げるのでしょう。すさまじいな。

こんなふうに、先にあえて〝刺激的かつ意味不明な言葉〟を放り込み、後から「実はこういうこと」とやさしく説明する流れを作ることで、読み手をするっと巻き込むことができます。

大事な部分を隠されると、見たくてたまらなくなる。

まとめてみた

1、伝えたいことを一文にしてみる。

合宿では、偉い人が、ふだん話せないような重要なことを打ち明けがち。

2、その中で、一番伝えたい部分を伏せ字にする。

合宿では、偉い人が、〈ピー〉しがち。

3、その伏せ字を、いろいろ言い換える。

合宿では、偉い人が、口をすべらせがち・リークしがち・ぶっちゃけがち……など。

4、一番インパクトのある言葉をチョイス。

合宿では、偉い人が、ポロリしがち。

未解決疑問モデル

バズるつかみ

星野源の未熟力

問いを共有する。

たしかに気になる。謎を一緒に考えたい。

謎を共有→気になる

どういうわけか洗面台がビシャビシャになるんです。

こんな相談を、雑誌で一緒に連載対談をしている細野晴臣さんにしてみたところ、「気にしないのが一番だよ」とのお答えをいただいたので、気にしないでいたらどんどん洗面台がビシャビシャになる一方だ。

昼頃、起きてまず顔を洗うのだけど、驚くのは水を出す前の時点で洗面台はもう既にビシャビシャなのである。おそらく前日の夜に歯を磨いたときにまき散らしてしまった水滴が残っているんだろう、と横にあったタオルでそれをきれいに拭く。そして満を持して顔を洗うのだが、サッパリした気持ちで顔を上げるともう目の前の鏡から洗面台のまわりから足下の床までビシャビシャなのである。

←謎の解明に挑む

さすがにこれはどうかと思いもう一度、なるべく飛び散らないようにそっと、水量も少なめに、内股で、なんとなく体を小さくして顔を洗ってみるが、やっぱりというかなんというか、今度はなぜか自分の後ろにまで水滴が飛んでいる始末で、ここまでいくと水に意識があって私に嫌がらせをしているとしか思えない。

↓答えを提示しない！

～星野源『そして生活はつづく』より

あの人もこの人も、みんな大人。私と違って、ちゃんと暮らしていそうだ。だからこそ、他人の未熟さを知るとほっとする。心の距離が縮まるような気がする。

でも、その〝未熟〟には多少の誇張もあるだろう。だから見せ方を間違えれば、「未熟でかわいいと思われたい感じ」が透けて見えて、かえって反感を買ってしまうこともある。実に、〝自分の未熟さ〟は取り扱い注意なのです。

星野源さんはその点、すごく巧みな人。

舞台の上では「こんばんは～星野源で～す！」なんて明朗闊達きわまりないのに、ひとたび文章の世界に入り込めば「どういうわけか」なんて曖昧で、地味で、自信のない雰囲気で語りだしたりして。こういうギャップを出せるのが、国民的スターなんでしょうねえ。国民的スターはとにかく共感させる力がすごい。

その秘密の一つに、「問いの共有」があります。星野源さんは共感の基本戦略である「問いの共有」を、すごく効果的に使う。

〉どういうわけか洗面台がビシャビシャになるんです。

これ、「最近、洗面台がビシャビシャになるんです。」でもよかったと思いません？　ビシャビシャっていうだけで、読んだ人はちょっと和んでくれそうだし。でも、星野源さんは「どういうわけか」という問いから書きはじめ、この問いに読み手を巻き込み、ぐいぐいと突き進んでいきます。「なぜ、私こと星野源の洗面台はビシャビシャになるのか？」という問いを、読み手と一緒になって解決しようと試みるのです。

彼にとっても「ビシャビシャ」は不本意な事態なので、なるべく飛び散らないように、さまざまな工夫を試みます。読み手から見ても、それはちゃんとした対応に見えます。それでもなおビシャビシャ。なんでビシャビシャなの？　どうしたらビシャビシャにならずにすむの？　誰も答えを見つけられない。そしてなんといっても、星野源さんがすごいのは、問いを勝手に共有しておきながら、星野源さん自身もその答えを見つけられないことです。

答えがわからない問いなんて、あんまり題材にしないでしょう？　でも問いが面白ければ良いのです。読み手は（なんでなんで？）と興味を継続させながら、ついつい最後まで読んでしまうんですから。

たとえば「実際リスって正面から見ても歯が見えないのに、なんで絵の中のリスは歯が描かれがちなの？」「どうしたんだお遍路中の母？　今朝のインスタに衝撃のデミグラスハンバーグオムライス」「週末はゲーム三昧だった私を、筋トレに目覚めさせたものはなにか？」でも同じことです。

その答えを書き手も知らないし、読み手も知らない。同じスタート位置から、ああでもないこうでもないと考えたり、試行錯誤をしたり、新しい事実を知ったりという過程を、一緒にたどっていくことが重要なのです。その結果、ゴールにたどりついても、たどりつけなくても、「共感した」という思い出だけは残るから。

本当に未熟な人は、その事実に自分で気づけない。

まとめてみた

1、ひとつぼやく。
洗面台がビシャビシャになる。

2、ありえないことが起こる。
水を出す前の時点で洗面台はもう既にビシャビシャ。

3、常識的な対処をしても、ありえないことが起こる。
タオルできれいに拭いても、顔を洗って、顔を上げるとビシャビシャ。

4、常識的な対処を全部盛りにしても、やっぱりありえないことが起こる。
水量少なめ、内股で、体を小さくして顔を洗ったが、今度はなぜか自分の後ろにまで水滴が飛んでいる始末。

質問
一般化
モデル

バズるつかみ
佐々木俊尚の
身近力

徐々に話の花を開かせる。

知りたいことは理解。言いたいことも理解。だから全部理解？

自分にとっては興味のある話題。だけど、きっとほとんどの読み手にとっては、どうでもいいだろうなと思う話題。

そんな話題は自分の心の奥深くにしまっておけばいいだろう。そして趣味の近い仲間と出会ったときだけ、思う存分語り合えばいい。

……って、そんなわけにはまいりません。自分の興味を、他人にまで広げてこその発信力。「自分の興味」に振り向いてもらいませんか？ そのための方法をお伝えしましょう。いいですか。いきますよ。それは「問いから書きはじめること！」です。

ええ？ 星野さんに続いてまた問い？ って声が聞こえてきそう。でも問いといっても、ただの問いじゃないのです。わかりやすい議論の入り口として、あえて「答えのわかりそうな問い」を用意するんです。

問

世界を代表する三つの国の映画産業――アメリカ映画とフランス映画、そして日本映画の違いって何だろうか？　そういう問題提起がある。

答

観点はさまざまにあるから単純化しすぎるのは危険かもしれないが、こういうひとつの切り口がある。「アメリカ映画は物語を描き、フランス映画は人間関係を描き、日本映画は風景を描く」。

ハリウッド映画は完璧なプロットの世界で、物語という構造を徹底的に鍛え抜いて作り上げ、導入部からラストシーンまで破綻なく一本道を走り抜けられるように構成されている。

フランス映画の中心的なテーマは、関係性だ。夫婦、父と子、男と愛人、友人。そこに生まれる愛惜と憎悪をともに描くことによって、人間社会の重層性を浮かび上がらせる。

日本映画は、風景を描く。自然の風景という意味ではない。目の前に起きているさまざまな社会問題や人間関係の葛藤、他人の苦しみ、さらには自分の痛み。われわれにとってはそれらはすべて「風景」だ。どんなに深く関わろうとしても、しかしどうしてもコミットしきれない所与のものとして、われわれのまわりの事象はそこにある。だから日本映画には、向こう側に突き抜けられないことによる透明な悲しみが漂っていて、それがある種の幽玄的な新鮮な感覚として欧米人に受け入れられている。

～佐々木俊尚「ジャーナリストの視点より」より

メジャーな問いかけ

まず答えを提示

答えを開いていく

読者に近い書き出し

アメリカ、フランス、日本における映画の違い。まあ映画をそこそこ観る人なら、日常会話に出てきてもおかしくない話題でしょう。

でもこの文章、こんな問いかけから書き出しているのに、「映画」についてじゃなくて、「日本とアメリカの文化の差とメディア」について語っているのです。

佐々木さんは映画ではなく、文化の差（特にメディアにおいて）を話そうとして、3国に共通するメディアの中でもっともわかりやすい「映画」を持ち出してきました。

これ、たとえば「日本とアメリカとフランスでは、それぞれメディアの文化が異なる。そのテーマにも差異があり、したがって手法も異なるわけだ」なんてはじまったらぽかーん、よくわからない話でしょ？　ぽかーんって口開けっぱなしだと、思考が停止しちゃって、もうその先を読み進められない。

でも「映画」だったら、アメリカ映画、フランス映画、日本映画、それぞれぼんやりとでもイメージを結べるし、「その違い」についてもそれなりに答えられそうだ。別に映画通じゃなくてもね。佐々木さんってば、なーに簡単な質問してくれてんの、って余裕な感じ。

単純な私たちは「なんとなく自分も答えを知ってそうな問い」を投げかけられると、心の壁を作ることができないんです。なら、話を聞こうかな、って気持ちにさせられる。

こんなふうに「答えられそうな問い」は、特に「マニアックな話」「アカデミックな話」「高尚な話」などを読ませたいときなどに、頼もしいほど力を発揮する書き出しです。スピーチでも使えます。

昨今の地球温暖化に関する議論は……と書き出すより、「最近の天気って変だと思いませんか？」って書き出したほうが、読む気になりますよね。

ただ大切にしてほしいのが、「読み手にはわかりにくい話題だろうから」ではなく、「読み手にとって遠い話題だろうから」という丁寧なスタンス。私にとってはものすごい違いがあるんですけど。

「高いレベルの話」を「おろしてあげる」わけじゃなくて、ただ「遠い」んです。だからそれを「近く」に持っていってあげる、やさしさがほしい。わかりやすい問いかけではなく、身近に思える問いかけをしてほしい。単なるイメージですが、注意してほしい。なぜかって？　上から目線の文章は、読み手に絶対バレちゃうから。読み手の理解力をリスペクトした方が、書き手の伝えたいことがよく伝わります。

興味を「持たない」わけではなく、「持ちたくても、持てない」だけ。

まとめてみた

1、知りたいことをまとめる。
アメリカ人とフランス人と日本人の違いってなに?

2、言いたいことをまとめる。
アメリカ映画は物語を描き、フランス映画は人間関係を描き、日本映画は風景を描く。

3、まとめたものを、くわしく説明する。
ハリウッド映画は~。フランス映画は~。日本映画は~。

嵐の前
モデル

バズるつかみ
村田喜代子の
展開力

日常から非日常に展開させる。

なんだなんだ、なんか雲行きが怪しくなってきたぞ。

書きたいテーマはある。

でも、どういう話から始めればいいのか困った。そんなときないですか？

人前に立たされたり、初対面の人がいれば、その場しのぎでなにかしゃべり出すのでしょうけれど、「なんか書き出す」場合は、目の前に相手がいないので、考えはじめたらキリがない。あっという間に日が暮れてしまいます。

いくら考えても、いい書き出しが見つからないときはどうするか。

そんなときおすすめなのが、「ごく日常的な習慣」から書き出すことです。

毎朝、必ず梅干しを食べている。通勤時間にはKポップを聴いている。休日の朝にはB級ホラーを鑑賞している。心が疲れたときは激辛料理を食べることにしている（それは私）などなど。

なんでもいい。べつに「一風変わった習慣」じゃなくてもいいんですよ。

日常 → 非日常

晴れた朝、今日は伊福部昭の『ゴジラ』のCDを鳴らそうかな、と思う。二階の窓の外は穏やかな陽が射して、吹く風も優しい。こんなのを「ゴジラ日和」というのだろう。

洋間の棚に置いたミニ・コンポは小さいけれど優れものだ。カセットを入れると雅楽めいたゆかしいクラシックの旋律が、平安京の都からでも流れて来るように、部屋に広がる。流しで食器を洗い、観葉植物に水をやっていると、やがてその曲に不穏な黒雲が混ざり始める。

部屋の壁に、何かの黒い大きな影法師が現れる。背中にギザギザのあるヒレを持ち、太い尻尾を引きずっている。南海の澪の中から、水爆実験で原子怪獣となったゴジラが日本へ、日本へと近付いて来るのである。

～村田喜代子「ゴジラよ、瞑れ」より

村田喜代子先生の、毎朝その日の気分に合わせて音楽を流す、という習慣からはじまります。「ゴジラ」というキャッチーな単語を無視すれば、朝、音楽を聴くなんていう習慣は別になんでもないこと。ごくごく日常が描かれているだけです。

他人の習慣を知るのって、面白いんですよね。全然違う人生を歩んでいる人が、自分と似たような暮らしをしている、という事実が心地いい。

たとえば私がよく観る『セブンルール』というテレビ番組でも、いま活躍している女性の「日常の習慣」を紹介しているのですが、みなさんの習慣はいたって普通。休日はお酒飲んでぐだぐだするのが好きとか、キティちゃんをお守りにしているとか。でもだからこそ、観ていて心地よいんですよね〜。

自分と似たような日常は心地いい。でもそんな心地いい日常に、不穏な影が忍び寄ってくるとしたら……。読みたくなりませんか？

ここで例文の「ゴジラ」の話に戻ります。面白すぎません？　晴れたら「ゴジラ日和」って。このエッセイはこの後れっきとしたゴジラ考察につながっていくのですが、書き出しがあまりにも絶妙。これ、たとえば「この文章を読んでる方で、ゴジラを見たことがない人は少ないだろう」なんて書き出しだったら、どうでしょう。ここまでぐーっと世界に入っていけなかったと思います。

朝はCDを聴いている（日常）→この日は「ゴジラ」だった（非日常）

ありふれた日常から、意外な展開を見せるからこそ、「なにそれ？」ってテーマに食いつけるんですよね。
日常からの非日常へのギャップ展開って、書き出しとしては劇薬。ゴジラのテーマソングみたいに、読み手をドキドキさせてくれます。

のどかな日常は、波乱のはじまりフラグ。

まとめてみた

1、自分にとって非日常的な出来事。
憧れのアイドルとエスカレーターで二人きりになった。
2、その出来事と関連する、ごく平凡な日常はなに？
そのアイドルのシールを持っている。
3、その平凡な日常を、より平和的に書いてみる。
妹に借りた本のカバーが破けてしまった。手元にセロハンテープがなかったので、かわりにシールを貼ってごまかした。

時制変更モデル

バズるつかみ
森鷗外の寄添力

最初にしつこく「これは記憶だ」と伝える。

過去の話は聞かされるより、一緒に思い出す方が楽しい！

森鷗外先生は「思い出話」の名手。……ってことをご存知でしょうか。知らんでしょうか。知らんのは当たり前です。なぜなら私が今、思いついた仮説だからです。

でも、ほんとなんですよ。森鷗外先生の「思い出話」というのは、いつも恐ろしいほど引き込まれるのです。

作家さんだけではなく、文章を書く人は全員（もちろんあなたも含めて）、「過去型」と「未来型」の2タイプに分類されます。つまり書き方が、過去に向きがちな人と、未来に向きがちな人が存在するのです。

心の中の森を探索するかのように、過去を回想しながら書き出す過去型。まだ存在しないことを想像して、出来事や誰かの「これから」を書き出す未来型。書くという行為の中で、どちらの時制に目を向けやすいか。たとえば、夏目漱石先生は「未来型」の代表、森鷗外先生は「過去型」

の代表、だと言ってもいいんじゃないかと思います。

ほら、高校の国語の授業で教わった『舞姫』も、過去の思い出話、として書かれていたでしょう（覚えてますかね）。『青年』もそう。さらに森鷗外先生の作品は『澁江抽斎』『阿部一族』『高瀬舟』みたいな歴史小説へといたってゆく。

鷗外先生の文章は一貫して、どうしてこうなったのか？　これまでどうだったのか？　と過去へ意識が向いています。もしかしたら鷗外先生の別の顔でもある「医師」は、現状にいたる原因（過去）を分析する職業だから、といったことも関係あったのかもしれません。

おういけない。私はべつに文学史の話をしたいわけではない。

森鷗外先生から、**臨場感のある「思い出話」の書き方**を学びたかったのです。

現在から語る

古い話である。僕は偶然それが明治十三年の出来事だと云うことを記憶している。どうして年をはっきり覚えているかと云うと、その頃僕は東京大学の鉄門の真向いにあった、上条と云う下宿屋に、この話の主人公と壁一つ隔てた隣同士になって住んでいたからである。その上条が明治十四年に自火で焼けた時、僕も焼け出された一人であった。その火事のあった前年の出来事だと云うことを、僕は覚えているからである。

今の自分視点

~森鷗外『雁』より

これは小説『雁』の書き出しですが、なんていうか、情景が徐々に読み手を包み込んできて、なんだか立体的に見える回想じゃないですか。夕暮れどきに、隣のベンチに腰掛けたおじさんから、話しかけられた幼少期みたいな気持ちになりますよね。なりませんか。

いずれにしても、不思議だと思いません？　最初に「古い話」って言ってるのに。古い話って、遠い地点での風景が思い浮かぶのに、どうしてこの書き出しだと「徐々に包み込む」ように、私たちの目の前に浮かんでくるのでしょうか。

たとえばこの文章が、以下のものだったらどうでしょう。

〉それは明治十三年の出来事だった。その頃僕は東京大学の鉄門の真向いにあった、上条と云う下宿屋に、この話の主人公と壁一つ隔てた隣同士になって住んでいた。その上条が明治十四年に自火で焼けた時、僕も焼け出された一人であった。その火事のあった前年の出来事だ。

こっちだと、単なる昔の出来事の記録で、平面的な風景を見ている気になる。これはこれでサラッと読めるし、べつに悪くない感じがする。でも森鷗外先生の文章のほうが、すぐ近くで語りかけられている感じがしませんか？

ポイントはここ。

・なんの話かも言わずに、まず「古い話」だと宣言する。
・そして「現実の自分」から見た記憶を語る。

古い話なんだけど、僕は年月を記憶してる。なんで記憶してるかというと……、語り手は「読み手と同じ「現実」にいますよ～」「現在から見た、過去の記憶をこれから話すんですよ～」と最初に提示しているわけです。

ただの昔話じゃなくて、読み手のすぐ近くには、それを語る「現在の人」がいる。すると読み手は「あ、この語り手についていけばいいんだ」と安心して物語についていくことができる。

古くは『嵐が丘』や『千夜一夜物語』でも使われている古典的な手法ですが、現在でも応用可能な、読み手を引き込ませる手法です。

〈ビフォア〉

『ごんぎつね』を習ったのは小学生の頃だった。「ごん、おまえだったのか」という台詞が印象的だった。衝撃のラストシーンとして。ただ、私は『ごんぎつね』が一体どんな話だったのか、思い出すことができない。「感動して泣いた」ということしか覚えていなかった。

↓

〈アフター〉

私の頭の中には「ごん、おまえだったのか」という台詞が残っている。衝撃のラストシーンとして。でもたった今、気がついた。私は『ごんぎつね』が一体どんな話だったのか、まったく語ることができない。今、取り出せるのは、ただ「感動して泣いた」という記憶だけだ。

アフターのほうが臨場感がある。そのポイントは、〈まず「現在の自分」を提示されていること〉。それから〈現在の自分から見た「過去の話」として語られていること〉です。

現実味のない話は、読み手と同じ境遇の人がそばにいることによって、身近に感じられる。

たとえば『シャーロック・ホームズ』は、現実離れした天才ホームズが、勝手に謎を解決して終わるだけの物語じゃありません。ホームズが天才すぎる一方、凡人すぎるワトソン君がそばにいてくれる。ワトソン君という読み手と同じ「現実」がいてくれるからこそ、話についていきやすいんですよね。

向かい合わせより、隣同士のほうが親しみやすい。

まとめてみた

1、**冒頭で「これは記憶だ」とわからせる。**

古い話である。／あの日からちょうど10年たった。／急に思い出したことがある。

2、**第一段落に「これは記憶だ」とわかる表現を集中させる。**

記憶している。／覚えている。／印象に残っている。

3、**第二段落以降は普通に書く。**

※読み手の頭の中には時制のイメージができあがっているはず。

対にしてみるモデル

バズるつかみ

北原白秋の配合力

ふたつのものを並べて始める。

そこにいる人はきっと素敵な空気をまとった人だ。

書き出しさえばしっと決まれば、そのあとどんどん書いていける。

文章のはじまりって難しいので、そこさえ決まっていれば！　って思いますよね。

では逆に、どんどん続きを書かされてしまうような、「魔法の書き出し」というものが存在する、としたら？

北原白秋先生の書き出しがまさにそうなんです。

桐の花とカステラの時季となった。私は何時《いつ》も桐の花が咲くと冷めたい吹笛《フルート》の哀音を思い出す。五月がきて東京の西洋料理店《レストラント》の階上にさわやかな夏帽子の淡青《うすあお》い麦稈《むぎわら》のにおいが染みわたるころになると、妙にカステラが粉っぽく見えてくる。そうして若い客人のまえに食卓の上の薄いフラスコの水にちらつく桐の花の淡紫色とその暖味《あたたかみ》のある新しい黄色さとがよく調和して、晩春と初夏とのやわらかい気息のアレンジメントをしみじみと感ぜしめる。私にはそのばさばさしてどこか手ざわりの渋いカステラがかかる場合何より好ましく味われるのである。

～北原白秋「桐の花とカステラ」『日本近代随筆選1』より

ポイントは、はい、これ。

〉桐の花とカステラの時季となった。

「ふたつの言葉を並べる」ただそれだけです。

あまりにも美しい北原白秋先生の文章ですが、その中で語られているのは「カステラ最高」だけ。

初夏、淡い紫色の桐の花が飾られたテーブルに出される、少しぱさぱさしたカステラが最高なんですって。

そ、そんなの私でも書けるもん！　とすねたくもなるけれど、北原白秋先生のセンスが素晴らしいのは「カステラ」について語るために、わざわざ「桐の花」を隣に置いたところです。カステラの見た目や手触りの素晴らしさを伝えるために、どうしても「初夏」の季節感がほしかった。そこで机の上に飾られた「桐の花」に触れたわけですね。

「カステラ」と「桐の花」と組み合わせたことにより、ただの「カステラ最高」が完全なオリジナル作品に仕上がりました。**ふたつの言葉は強いです。**「菊とバット」「女子高生とドラッカー」「老年と開脚」……**一見なんの関連もなさそうなふたつの言葉を組み合わせると、そこに新しい世界が生まれます。**

簡単に応用してみましょう。

たとえば「文章は読まれてナンボ」を語ろうとして場合、

〉今回は文章とアイドルについて書きます。

〉今回は文章と言葉について書きます。

〉今回は文章とコンビニのお弁当について書きます。

と書いてみました。
以上はなんの計画性もない書き出しです。
なのですが、なぜかそうやってふたつの言葉を並べてみることによって、思考はそのふたつの言葉の共通点、相違点、類似点などを見つけ、展開させようと働いてくれる気がする！　文章が走り出しやすい書き出しだと思いませんか？

ふたつの要素の重なりで、奥行きが生まれる。

まとめてみた

1、書くことを一つ決める。
涙を流しきった後、ステージに立つアイドルが最高。
2、雰囲気のあるものを隣に置く。
桜とアイドルの季節となった。
3、ふたつの関係性について書く。
私はいつも桜の花が散ると、彼女の卒業ライブを思い出す。

炎上回避モデル

バズるつかみ
山崎ナオコーラの冒険力

あらかじめ自分を関係者から外す。

え？　なんかショック！　……あ、そういうことじゃないんだ。納得。

校長先生の話といえば、「長くて退屈」が定番でした。

なぜ長くて退屈だったのかと言えば、無難な話しかできない立場なのに、無難な話で終わらないようにがんばってくださるから、じゃないでしょうか。

たとえば「先生もみなさんくらいの年の頃、音楽に夢中だった時代があったんです」「ファッションにも興味を持ちはじめました」「夜、仲間たちと遊びにも出かけたりしたものです」なんて打ち明けられたら、普通（え？　金髪にしてピアスあけて、音楽イベントとか行ってた？）（クラブで朝まで踊り明かした？）なんて期待しちゃいません？　でも出てくるエピソードは、せいぜい友だちとＪポップのＣＤを貸し借りしていたとか、お小遣いを貯めてポロシャツとチノパンを買ったとか、縁日でお菓子を買い食いしたとかそんなもの。

うーむ、無難。

でも、もしかしたら、あのとき誰よりも拍子抜けしていたのは、他ならぬ校長先生ご自身だったのかもしれません。

生徒たちに「私たちと同類じゃん！」と感じてもらいたくても、学校長という立場がそうさせてくれない。無難なことしか結局言えない。

実はこれに似たことが、文章でも起こりやすい。

なにか刺激的なことを書いてみては、まずいと思って書き直し。また書いてみては、書き直し。**最終的にド平凡な文章に落ち着く。**

そんな不毛な執筆労働を続けている人はいませんか？　私です！

ブスについて考えたいとき、ブスの読者も、ブスではない読者も、まず興味がそそられるのは、ブスが自信を持つのか持たないのか、ということに違いない。よし、これをタイトルに据えよう。『ブス』の自信の持ち方」。このフレーズで、表紙をめくりたいと思ってもらえるのではないか？

ただ、あらかじめ書いておくが、この本は人生指南書やビジネス書ではなくエッセイだ。自信のない人に「自信を持て」と説教する気は毛頭ない。じゃあ、何がしたいのか？　『ブス』の自

誤解へのフォロー!!

自分の伝えたいことをはっきり言う

自分がこの話題を扱う理由を伝える

信の持ち方」とは一体なんなのか、と考察していきたいのだ。

私は、「『〝ブス〟の自信の持ち方』というフレーズは引きが強いはずだ」と睨んだわけだが、その理由は世間が、「ブスはどうやったら自信を持たないでいてくれるのか？」、あるいは、「ブスはどうして世間の意見に歯向かって勝手に自信を持ってしまうのか？」に、注目していると感じるからだ。また、ブスがその雰囲気にのまれて、まんまと自信をなくしているからだ。


〜山崎ナオコーラ『「ブス」の自信の持ち方』より

「ブス」の自信の持ち方。ネットでざわつかれそうな。言ってしまえば炎上の危険があるタイトルですよね。（ブス、ブス言って、この人ひどくない？）（そもそもブスって言葉、使わないでよー）と、各方面からのお叱りの声が聞こえてきそう。

でも山崎ナオコーラさんは、もちろんそんなことは想定内。あらかじめ断りを入れています。

〈自信のない人に「自信を持て」と説教する気は毛頭ない。じゃあ、何がしたいのか？『ブス』の自信の持ち方」とは一体なんなのか、と考察していきたいのだ。

誤解を生みそうなタイトルをつけておきながら、即座にフォローを入れる。

炎上しそうなネタに対して、寄り添うことも、茶化すこともせず、ただその「〝ブス〟というキーワードに対して、世間は強く反応する」という現象を、距離を置いて観察してみる、という姿勢を見せます。これが重要。

読み手は、「ブス」の自信の持ち方、というタイトルなら、「もっとブスに自信を持たせよう」という意図で書いてるんだろうと思い込んでしまう。そんな負の誤解を予想し、「そうじゃないよ」とひらりとかわす。炎上リスクの高いネタを扱いながら、そこに潜む「誤解の危険」を前処理しておく。

つまり、異論、反論、誤解、炎上を避けるためには、言葉の角にヤスリをかけるよりも、誤解されそうな箇所に、フォローを入れようってことですね。

私がもし校長先生だったとしたら、「やりたいことがあれば、親や先生とか無視してやっちゃってもいいと思う」なんて口が裂けても言えないと思いますが、「どうすれば自分のやりたいことを、親や先生に許してもらえるのか。それは、親や先生が許さない理由を、まず君たちが先に考えて、その対策をすることです」とか、親と生徒、双方のフォローを含んだ言い方にすれば、炎上を回避しつつも、きちんと問題に向き合える気がします。
そもそも言葉は誤解を生むもの。あらゆる誤解を先回りした上で、思い切ってデリケートな話題を出しましょう。

正直に思ったことは言わずに、伝える方法がある。

まとめてみた

1、失言を恐れず、まずはみんなの興味を優先させる。
みんなまず興味がそそられるのは、ブスが自信を持つのか持たないのか、ということに違いない。（興味があるのは「私」ではなく「みんな」）

2、自分はその関係者じゃないことを暗に伝える。
自信のない人に「自信を持て」と説教する気は毛頭ない。考察したいのだ。（主体的な説教ではなく、客観的な考察）

3、興味を持った理由を、客観的な意見として伝える。
その理由は世間が、ブスに注目していると感じるからだ。（ブスに注目しているのは「私」ではなく「世間」）

CHAPTER

2

バズる文体

BUZZ RU BUNTAI

5音9音
ぶつ切り
モデル

バズる文体

村上春樹の
音感力

読みたくなるリズムを使う。

よくわからなかったけど、なんか勢いで読んじゃった。

文章とは、リズム感だ！

という、運動音痴（私）にとっては絶望しそーな真理がこの世にはあります。ちなみに反復横跳びすらできない私は、小学生の時点でとっくにリズム感は諦めているんですけど。

しかし「文章とは、リズムだ」なんて一体どこの誰が言ってるんでしょう。いい加減なこと言いやがって、と思っていたら、この方。

「もしその文章にリズムがあれば、人はそれを読み続けるでしょう。でももしリズムがなければ、そうはいかないでしょう。二、三ページ読んだところで飽きてしまいますよ。リズムというのはすごく大切なのです。」

（村上春樹『夢を見るために毎朝僕は目覚めるのです』）

はい出ました、世界的大作家・村上春樹先生！　かの村上先生が言うなら間違いない……はず。文章にとって、リズムはすごーく大切なんですね。

文書のリズム。わかりました。いやでも、結局のところ文章のリズムってなんですか？　どうしたらリズム感が身につくんですか？

わかりそうで、わからない。「文章のリズム」というものについて一生懸命調べてみました。

ここはやっぱり村上先生、みずからの小説を例文にしましょう。

『ダンス・ダンス・ダンス』というフリーライターを主人公にした長編小説です。

同じ語尾でリズム感

「音楽の鳴っている間はとにかく踊り続けるんだ。おいらの言っていることはわかるかい？　踊るんだ。踊り続けるんだ。何故踊るかなんて考えちゃいけない。意味なんてことは考えちゃいけない。意味なんてもともとないんだ。そんなこと考えだしたら足が停まる。一度足が停まったら、もうおいらには何ともしてあげられなくなってしまう。あんたの繋がりはもう何もなくなってしまう。永遠になくなってしまうんだよ。そうするとあんたはこっちの世界の中でしか生きていけなくなってしまう。どんどんこっちの世界に引き込まれてしまうんだ。だから足を停めちゃいけない」

同じ語句を「あえて」続けることで、リズム感が出る。
→ふつーは同じ語尾が続くのを避けるのに…

〜村上春樹『ダンス・ダンス・ダンス』より

ここだけを抜粋しても、前後の文脈を知らなければ、一体なんのことを言っているのかよくわからないはず。なのに、どうしてだろう。読みやすい。読めてしまいます。これはもしかしたら、「文章にリズム感がめちゃくちゃあるから」じゃないだろうか。

ここでためしに、春樹先生の『ダンス・ダンス・ダンス』を、もしもリズム感ゼロの人が踊ったとしたら、という妄想のもとに書き換えてみます（村上ファンのみなさま、どうか怒らないで）。

素人ダンサーバージョン

「音楽が鳴る間ずっと踊り続ける。おいらが言うことはわかる？　踊ろう。踊り続ける。なんで踊るかを考えたらいけないし、意味を考えないほうがいいのは意味なんて元来ないからだ。そんな事を考え出したら足が停まるし、一度足が停まったらおいらは何もできなくなるだろう。あんたの繋がりは何もなくなる。永遠になくなるだろう。するとあんたはこっちの世界でしか生きていけないうえに、こっちの世界に引き込まれてしまう。だから足を停めたらだめなのだ」

はい、なんだか意味が通らない！

言ってることは同じなのに、ぐっと読みづらくなってしまった。ていうか文章が頭に入ってこない。

一体なにが違うのか。それは「リズム」が違うんです。

ためしに声に出して、村上春樹バージョンと素人バージョンを読んでみてください！　朗読しやすさが桁違いのはずです。

具体的に、村上春樹さんの文章を検証してみましょう。

秘密はここ。

「おいらの言っていることはわかるかい？　踊るんだ。踊り続けるんだ。何故踊るかなんて考えちゃいけない。」

という書き出しの箇所。一文が短く、リズミカルですね。なぜリズミカルに感じるかというと、文章の切れ目を数えてみれば、後半がだいたい「5音」「9音」でそろっているからです。

「おいらの（4音）言って（3音）いることは（5音）わかるかい？（5音）踊るんだ。（5音）踊り続けるんだ。（9音）何故踊るかなんて（9音）考えちゃいけない。（9音＋ゃ）」

たとえば言葉のリズムについて、『言語学大事典』（亀井孝ほか編）によると、こんなふうに説明されています。「ある発話において、音の強弱、高低、長短などに関する一定のパターンがくり返し現われ、個々のパターンに要する時間がほぼ等しいとき、そこにはリズムがみられる」と。

つまり言葉のリズムとは、「一定のパターンのくり返し」。そして村上春樹さんの文章は、言葉の切れ目ごとの音節の数が、ずっと一定なんです。

では（リズム感がない人は）どうすれば、いいリズムの文章が書くことができるのでしょうか？

生まれつきリズム感のない私のような人には、「一文を短くする」ことをおすすめします。

【ビフォア】

10年前に買ったバッグが破けてしまったので買ったお店に持っていったら、昔のモデルだから修繕できないと断られた。新しいバッグを買わなければと思うが、忙しくてなかなかめぼしいバッグを見つけられない。

↓

【アフター】

バッグが破けてしまった。10年前に買ったものだ。買ったお店へ持っていくと「昔のモデルだから、直せへんよ」と言われてしまった。うーん、新しいバッグを買わなければ。でも、忙しくてなかなかめぼしいバッグを見つけられない。

ほら、少しリズム感が出てませんか？　まずは一文をいくつかに切ってみました。一文を短くできれば、文章のリズムを調整しやすくなる。また、カギカッコを挟んだり、語尾や接続詞を換えることでもリズムをつけられます。

もちろん、長い文章でリズムを出すことも不可能じゃありませんが、短くしたほうが圧倒的に簡単にできるんですよ。ぜひ試してみてください。

文章のノリがいいと、つい読んでしまう。

まとめてみた

1、同じ語尾を3回くり返す。

〜んだ。〜んだ。〜んだ。／〜しまう。〜しまう。〜しまう。／〜か？　〜か？　それとも〜か？

2、長い文章を、二文、三文に切ってみる。

何故踊るかなんて意味を考えないで、音楽の鳴っている間はとにかく踊り続けるんだ。

↓

踊り続けるんだ。何故踊るかなんて考えちゃいけない。意味なんてことは考えちゃいけない。

3、似た意味の文を、音数を増やして連続させる。

踊るんだ（5音）。↓踊り続けるんだ（9音）。

4、後半部分をそろえて、連続させる。

何故踊るかなんて考えちゃいけない。↓意味なんてことは考えちゃいけない。

曖昧共感モデル

バズる文体
かっぴーの弱気力

曖昧さを残す。

あやふやだけど、正直だから、誠実に見える。

まわりの意見に流されずに、自分の意見ははっきり伝えるべき。

と、言われてしまったら、なかなか否定しづらいもんです。

たしかに自分の意見をずばっと言い切る人には、ついていきたくなる。もしも意見というものが、ただ「相手を説き伏せるための表現」なら、とにかく断定的に語るマッチョさがあってもいいのかもしれません。

でも私は、必ずしも「はっきり伝える」のが正義だとは思わない……んですよね。

ためらったり、曖昧だったり、よくわからないままに、なんとなく言葉を発してしまう。

そんなふうに明確な答えを持たずに、そのまま文章に出したほうがいいこともあるんじゃないかって思うんです。

わからないことを、がんばって言語化しようとするより、そのまま正直に「わからない」って文章にしたほうが、みんなに共感してもらえるかもしれない（今まさに私はその書き方を実践してるんですけど）。

そんなふうに考えるようになったのは、「かっぴー」という漫画家さんのブログを読んだことがきっかけ。

曖昧な表現→誠実さへ

「何かやりたい」という気持ちが湧いてくる。湧いてくるって前向きな表現では無いが、溜まってるって感じ。「何かやりたい」が底の方に濁って沈殿してる。

この漫然とした欲求って、多分「モテたい」とか「死にたい」と同じカテゴリーだと思います。「モテたい」って好きな人がいる時ってあんま湧いてこないと思うんですよ。「振り向いて欲しい」「付き合いたい」とかじゃなくて「モテたい」って相手が居ない感じがする。「死にたい」も、重いやつじゃなくて何か筋肉痛くらいの感覚でふいにやってくる行き場の無い衝動というか、具体的に何かある訳じゃ無いやつ。「モテたい」「死にたい」「何かしたい」という、同じ引き出しに入ってる幼い衝動。これらって、大人になると人様に言わないですよね。幼いと思われるから。でも多少なりともあると思うんです。

〜かっぴー「「何かやりたい」という未熟な欲求」より

かっぴーさんは、雑誌ではなくてインターネットで人気が出て、有名になった漫画家さん。だからとにかく「インターネット向き」な作品が多いんですが。かっぴーさんが書くブログはというと、やっぱり「インターネット向き」。ついSNSでシェアしたくなる、共感できる記事ばかり。文体も、読み手に語りかける口調が特徴的です。

で、どこがポイントかというと。とにかく「思う」「感じる」など、語尾を曖昧にする言葉が多いこと！

例文では、かっぴーさんが「なんとなく感じているけど、まだよくわかんないこと」を書いているわけですが、たとえばこれが漫画の描き方とか、インターネットの有効な活用法とか、〈自分の得意分野をレクチャーする〉記事だったら、こうはいかない。「思う」や「感じ」という表現は少ないはず。だってもっと自信満々に書かなきゃ、信頼感が得られないから。

でも、かっぴーさんの文章はあえて、「自信たっぷりに言い切れない」ことを書いています。

ここで重要なことは、「今、自分が素直に感じていること」を「みんなもそうじゃない？」という提案として書いているってことです。

この文章の最後は、ひとまずの結論として

〉無性に拠り所を求めてしまう時にも、孤独はあるのかも知れません。

と締めくくられていますが、

これって一昔前のプロの作家さんだったら、

〉無性に拠り所を求めてしまう時にも、孤独はあるのだ。

って「言い切る」文章にしてたんじゃないかなと思います。

断定とはある意味、自己完結した文章ですよね。けれどインターネットが主流になった今、プロの作家さんですらも、SNSを使いながら自分がリアルタイムで悩んでいることや感じていることを、読み手と共有する。読み手としては、本来「先生」であるはずの作者が、「わかんないけど、こうかもなあ」とためらう姿に、かえって親近感を覚えたり、応援したくなったりする。

自分の個人的な気づきを、「よくわからないけどね」と正直に書く。すごく現代的な文章術ですよね。

「と思う」「って感じ」「かもしれない」「とは言えないだろうか」「可能性がある」

いずれも、むやみやたらに使うと文章をぼんやりさせる語尾ですが。わからないなりに結論めいたことを書くよりも、わからないことはわからないって書くほうが、今は、誠実さが伝わるのかもしれません。

正直な人ほど、自信持てよって応援したくなる。

まとめてみた

1、**確信ではなく、推量に換える。**
~だ。/~です。↓と思います。/かもしれない。/って感じがする。/~のような気がする。

2、**確信ではなく、願望に換える。**
~だ。/~です。↓~だといいな。/~であってほしい。/~すればいいのに。

3、**確信ではなく、確認に換える。**
~だ。/~です。↓ですよね。/じゃないですか?/って言えませんか。

会話
割り込み
モデル

バズる文体

林真理子の
強調力

カギカッコの中でお芝居をする。

耳慣れないのに、なぜか実際の会話よりもリアル！

私はこの年になってやっとわかったことがある。他人の恋愛にむやみに興味を持ちたがる女というのは、決して主人公にはなれないのだ。

「あの人とあの人とはデキているらしい」

↓会話文でアクセント

という噂に異様に興奮したり、張り切って言いふらす女というのは、絶対に、「デキているらしい」方の女の人になれないのである。

人の噂話が好きだからデキないのか、デキない体質だから人の噂話が好きなのか、このへんのところは玉子とニワトリの関係に似て非常にむずかしい。

が、私が観察したところ、デキやすい女、つまり噂話の主人公になりやすい女というのはもの静かな人が多い。神秘的という言葉は古めかしいが、自分の私生活をあまり明かさないものだ。

特に男性関係に関しては、ものすごく慎重である。

「すっごくモテるんですって」

と水を向けても、

「ふ、ふ、ふ……」

印象深い美人を描写
と笑うだけである。私はこの〝ふ、ふ、ふ〟がデキる女の鍵を握っているのではないかと思う。

会話文がアクセントに

～林真理子『anan』連載「美女入門」より

か、完璧っ。最初から終わりまで、こんなに完璧なコラムありますか。

さすが林真理子大先生！　元祖&不動のコラム女王！　ってこれは私が個人的に林真理子ファンだからっていうわけではなく、ほんっとにこの圧倒的な文章力に惚れ惚れしてるんですけど。おわかりになりますかこの文章の素晴らしさが!?　えっ？　それよりも私のテンションに引いてる!?　引かないで！

まず書き出しからして、すごい。だって「私はこの年になってやっとわかったことがある。」ですよ。ここで、読み手は興味を持ってしまう。

たとえばこれが「私はこの年になってわかった。」じゃ、ダメなんです。〝やっと〟わかったことがある、だからすごい。〝やっと〟は強調で、大げさに見せる表現として成立しています。といってもたとえば強調表現といったらすぐに〝超〟とか〝鬼〟とか〝めちゃめちゃ〟を多用する人は反省してください（私もよく使ってしまうんですが）。物静かな〝やっと〟という言葉が、読者の興味をぐーっと引き寄せるんですね。

それから、話は「デキている」女の秘密に迫っていく、わけですが、この「デキている」もまた、カタカナによって「デキている」という言葉に目がいくはずです。「あの人とあの人は付き合っているらしい」じゃなくて、「あの人とあの人とは〝デキて〟いるらしい」じゃなきゃあ、ぱっと文字を目にしたときのインパクトがまるで違います。

もう読み手の心を捕まえて絶対逃さない。その豪腕からは誰も逃れられない。が、しかし林真理子さんは、それだけではまだ勘弁してくれないのです。

〉「すっごくモテるんですって」

と水を向けても、

「ふ、ふ、ふ……」

と笑うだけである。私はこの〝ふ、ふ、ふ〟がデキる女の鍵を握っているのではないかと思う。

これです。会話文。

会話文って、だいたい書くのも読むのも楽。疲れたときに小説なんか読むと、情景描写は頭に入ってこないけど、会話文だけは目で追える、なんてことありませんか？　もともと会話文は「読みやすい」「読ませやすい」という特徴がある。

その特徴を、林真理子さんは常人とは違う活かし方をするのです。

最後のくだりを読むと、「ふ、ふ、ふ……」と微笑む美人が目に浮かびますよね。たしかに神秘的っぽい。宮沢りえさんとか小松菜奈さんとか、そんな感じのモテる女性っぽい。ほんと〜に会話文の使い方が、うまいっ。

しかし、もしここに「」で囲まれた会話文がなければ、

〉すっごくモテるんですって、と水を向けても、ふふふ……と笑うだけである。

読み手は一瞬で読み飛ばしてしまう。大事なところなのに、美人の印象をうまく結べず、読後

感が薄いものになってしまいます。

そもそも恋愛コラムが載るような女性ファッション誌って、みんなじっくりと文章を味わうという雰囲気じゃないでしょう（違ったらすみません！）。もちろん少なからず「林さんのコラムをいつも楽しみにしてる！」という読み手もいると思いますが、それでも目を皿にして、姿勢を正して、さあ！　読むぞ！　と気合の入った人はいないはず（その雑誌の担当編集者さん以外は）。ほとんどの人は、美容院でカラーしたり、銀行で自分の番が呼び出されるのを待ったりしながら、ゆるーく、ぼやーっとページをめくっている。

そんな読み手の首根っこをつかんで、「はーい、読んでねー！」と活字に注目させ、ああ面白いと胸をきゅんとさせる。それは、とっても難しいことです。その点、林真理子さんのコラムはまさに名人芸。文章の中で、大切なところ、注目してほしいところを強調したいとき、林真理子さんがよく使ってる「会話文」、一度使ってみてはどうでしょう？

耳で聞く言葉と、目で読む言葉は別物。

まとめてみた

1、感情をこめたいところを、説明的な台詞に換える。

人の恋愛話に異様に興奮したり、張り切って言いふらす女
←
「あの人とあの人とはデキているらしい」
という噂に異様に興奮したり、張り切って言いふらす女
※現実では「あの人とあの人とはデキているらしい」という会話をあまり聞かない。

2、書きたいことを、都合のいい台詞に換える。

どうせ聞いたところで、モテる女性は男性関係をあまり語りたがらない。
←
「すっごくモテるんですって」と水を向けても、

3、印象に残したいところを、印象的な台詞に換える。

笑ってごまかされるだけである。
←
「ふ、ふ、ふ……」
と笑うだけである。

名詞止めモデル

バズる文体
綿矢りさの簡潔力

語尾をぶった切る。

押しが強い！　けどそこがいい。

さかきちゃんは美人。でも亜美ちゃんはもっと美人。グリム童話「白雪姫」で継母の女王様は「女王様は美しい。でも白雪姫はもっと美しい」と魔法の鏡から衝撃の告白を受けて、鏡をぶち割った。しかし魔法の鏡に訊くまでもない。さかきちゃんは美人、でも亜美ちゃんはもっと美人。明白な事実。

体言止めが続くと、ほほえましい雰囲気になる！

～綿矢りさ『亜美ちゃんは美人』より

突然ですが、間違い探しです。

〉さかきちゃんは美人だ。でも亜美ちゃんはもっと美人なのだ。グリム童話「白雪姫」で継母の女王様は「女王様は美しい。でも白雪姫はもっと美しい」と魔法の鏡から衝撃の告白を受けて、鏡をぶち割った。しかし魔法の鏡に訊くまでもない。さかきちゃんは美人だ、でも亜美ちゃんはもっと美人なのだ。明白な事実なのである。

はい、どこが違うでしょうか？

そう、語尾！

伝わる内容はまったく同じなんですが、語尾だけを改悪してみたのです。

日本語は、「主語」と「述語」から成り立ちます。わたしは・ペンを・持っています。こんな文章にも主語と述語がある。だけど実際に喋り言葉では、主語や述語を省略することはよくありますよね。

「おかーさん、お茶」「今朝も天使な女子アナ」「めっちゃほしいやつな」「なにそれ面白すぎるんですけど」どれも文法的にはおかしいのだけれど、無駄がないから情報そのものは伝わりやすい。

この〝省略〟は、文章で使うことによって、一定の効果を生みます。

綿矢りささんは、現代の小説家の中でも飛び抜けて上手な文章を書く人だなあと思うのですが、なにがすごいか、一つだけ挙げるとすれば、1文字として、無駄な言葉が見当たらないことです。**一文一文の脂肪が、極限まで削ぎ落とされている。**

では、綿矢りささんの文章に存在しない「無駄」を足すとどうなるのか？　それは、私たちが、ふだんぼんやりと使っている「～だ」「～なのだ」「～です」「～なのです」といった語尾なんです。**語尾って意外と削れるんです。**削ってみて、語尾。ほら、可能な限り。考えるよりも、まずは実践。見習うべきは、綿矢りささんの例文！

一文を名詞で終える。むかし国語の時間に習った、おなじみ〝体言止め〟ですね。体言止めを使うことによって、イメージの残りやすい文章になります。

たとえば。

〈私が好きなものはアイドルですね。それからパンケーキもそうです。仕事でいやなことがあっても、どちらかあれば元気になれます。

うーん、別に悪くはない文章です。でも話の要点が流れてしまい、印象に残りにくい感じがします。ならば、これを体言止めに変えてみたらどうでしょうか。

〉私が好きなものはアイドル。それからパンケーキ。いやなことがある仕事。でもどちらかあれば元気。

これはやりすぎかも。体言止めは、連発しすぎるのは危険。単調になるというか、ラップみたいな軽い印象になって、かえって読みにくくなるかもしれない。

〉私が好きなものはアイドル。それからパンケーキ。仕事でいやなことがあっても、どちらかあれば元気になれます。

これくらいだったらちょうどいい？　伝えたい内容が、素直に伝わってきませんか。文字量は少ないはずなんだけど、不思議と伝わる情報量が多いような気がします。これが体言止めの効果なんです。文章の中にある「アイドル」「パンケーキ」「元気」などの言葉がより際立って、イメージが広がりやすくなるんですね。
というわけで、もしも文章が長くなってしまって、「肝心の情報が伝わりにくいかな」と心配になったときは、一度、できる限り体言止めにしてみることをおすすめします。箇条書きみたいになり、いる情報といらない情報を頭の中ではなく、視覚的に整理しやすくなるはずです。

省略されると、かえって明確になる。

まとめてみた

1、まずは大人語で言葉にする。
亜美ちゃんが、さかきちゃんより美人だというのは、明白な事実である。

2、子どもっぽく、体言止めで言い換える。
亜美ちゃんは美人。さかきちゃんよりも美人。明白な事実。

3、子どもっぽい感情（マウント）で言い換える。
さかきちゃんは美人。でも亜美ちゃんはもっと美人。明白な事実。

過剰口語モデル

バズる文体

三浦しをんの台詞力

口語をより口語らしくする。

「さすがにそこまでわかりやすくないだろ！」って突っ込みたくなる。

いたって丁寧な説明

先日、歌舞伎を見にいった。私の席は通路から数えて三番目で、通路がわの二席には、おばちゃんたちが座っていた。休憩時間にトイレなどに行きたいと思ったら、おばちゃんたちの協力が必要な位置関係だ。

ところがおばちゃんたちは、自席のまえに特大の紙袋を置いている。私は席へ出入りするたび、たいそう恐縮して「すみません」と言い、紙袋をどけてもらっていた。おばちゃんたちはそのつど、「ちっ」て感じであった。『ちっ』じゃねえ。どけるのが手間だってんなら、荷物はロッカーにでも預けてくればいいだろ、ごるぁ」と思わなくもなかったが、ひたすらへこへこして道を空けてもらう。

しかし事件は起こった。おばちゃんの一人が紙袋を持ちあげてくれたのだが、足はひっこめ忘れたらしい。その足を、私は踏んでしまったのである。言い訳になるが、踏んだといっても爪先をごく軽く、だ。「ごめんなさい！」とすぐに謝った。だが、おばちゃんは大声で、
「いたたたた、足に乗っかられちゃったわよ！」
と周囲にアッピール。アフリカ象か四トントラックが足に乗ったと言わんばかりで、失礼しちゃうわ。そんなアッピールをする反射神経を、素早く足を引っこめるほうにこそ使ってほしかったぜと思いながら、私がおばちゃんの足を踏んだのは明白な事実なので、「本当に申し訳ありません」と再度謝る。おばちゃんは私を無視し、飴など食べはじめた。

〜三浦しをん「とっさの一言マナー」より

口語をより口語らしく！

ギャップ→魅力！

三浦しをんさんといえば辞書編纂や林業、文楽など、あまりメジャーではない職業にスポットライトを当て、見事なエンタメ小説に仕上げる作家さんとしておなじみ。そして小説の作風とはまた違った雰囲気を持つ彼女のエッセイも、すごく魅力的なんです。おかしい話じゃないのに、なんか笑える。いい話じゃないのに、元気になっちゃう。とにかく人間臭い魅力にあふれています。

その魅力の秘密はどこにあるのでしょう。たくさんありすぎて迷ってしまうのですが、ずばり

一つ挙げるとするならば、まるで〝フィクションのような〟台詞の見せ方！　にあると思います。フィクションのような？　エッセイって「リアルな出来事」から得た経験をもとに、意見や考えをまとめたものでしょう？　たしかに。普通は、会話の内容はそのまま書くものなんですけど。でも、三浦しをんさんのエッセイはこんな表現によって、より「エッセイらしく」なってるんです。

〉『ちっ』じゃねえ。どけるのが手間だってんなら、荷物はロッカーにでも預けてくれればいいだろ、ごるぁ」
〉「いたたたた、足に乗っかられちゃったわよ！」

わかりますか？　三浦しをんさんは自分の心の中の声や、登場人物が放った言葉に、ほんの少し「色づけ」をしているんです。
一般的な女性の心の中の言葉としては、

〉「舌打ちなんてしちゃって。どけるのが手間だっていうなら、荷物はロッカーにでも預けてくればいいじゃないの」

くらいの言葉遣いが普通じゃないでしょうか。

でも三浦しをんさんは、そんなありきたりな会話文じゃ満足しない。「だってんなら」とか「ごるぁ」とか。実際、脳内でそんな発音をしたのかどうかは定かではありませんが、文章では型通りじゃない表現をする。それによって、より本物っぽい場面を再現されてるんです！

〉「いたたたた、足に乗っかられちゃったわよ！」

についても同じ。もしかするとおばちゃんは実際「いたた」くらいの声だったのかもしれませんが、「いたたたた」とオーバーに表現されているほうが本物っぽく伝わってきます。

「ごるぁ」という漫画のような言葉の持つ印象によって、この書き手は怒ってるはずなんだけど、どことなくコミカルな印象も受けます。人間らしさ、親しみやすさが、より見える。

三浦さんの工夫はそれだけじゃありません。

〉先日、歌舞伎を見にいった。私の席は通路から数えて三番目で、通路がわの二席には、おばちゃんたちが座っていた。休憩時間にトイレなどに行きたいと思ったら、おばちゃんたちの協力が必要な位置関係だ。

地の文が、情景を正確に表現してます。しっかり状況を読み手にイメージさせるからこそオーバー気味な台詞が活きてくるんですね。

台詞の見せ方を極端にすると、その人らしさを強調することができる。

このことを頭に入れていると、登場人物の説明に余計な文字を費やす必要はありません。

たとえば、

〉彼女から折返しの電話があった。「どうしました？　私になにか用でした？」

という文章があったとします。すると、相手はきっと知り合いなんだろうけど、そこまで親しくはなさそうな印象を与えます。

でも本当は相手とは親しくて、ほぼ毎日会っているような間柄だとしたら、

「どうしました〜？　なんかありました〜？」

って書くと、親しげな距離感が伝わりますよね。

もし相手がクールな人で、わりと心の距離がある人だったら、「……なんですか？　私になんか用ですか？」って書けば、相手が警戒している感じが出る。

「なになになになに？　どしたどしたどした？」と書けば、ちょっと暑苦しい先輩か上司っぽさが特徴として出ますよね。

台詞の見せ方を少し変えるだけで、人物の印象ががらっと変わります。ちょこっとメイクを変えただけで、顔の印象ががらっと変わってしまう女の子みたいに。

特に文中の登場人物が多いときは、「台詞でキャラ立て」がおすすめです。


ものまねは、本物よりも本物らしくしてようやく似る。

まとめてみた

1、事実を思い出す。
周囲にアピールする感じで「いたい！」と叫んだおばちゃん。

2、盛る。
おばちゃんは「いたたたた、足に乗っかられちゃったわよ！」と周囲にアッピール。

3、さらに盛る。

アフリカ象か四トントラックが足に乗ったと言わんばかりで。

※三浦しをんさんのエッセイが「事実を盛っている」というわけではありません。登場人物をいきいきとさせる表現として参考にしたいと思った、私なりの勝手な想像です。

仮名8割
モデル

バズる文体

向田邦子の
柔和力

ひらがなで印象を変える。

テンポはゆっくりで、親しみやすい。

漢字にしようか、ひらがなにしようか。文中、その割合をどれくらいにするべきなのか。いや〜悩ましい問題。きのこの山の柄の部分から食べるか、チョコから食べるかくらい悩ましい。うーん、別にどっちでもいいと言われそう。

いやいや、いやいや。一文一文にひらがなをどれくらい使うかって、大切な問題なんですよ。プロも迷うらしいですから。

もちろんパソコンの変換にまかせれば、「できない」も「出来ない」って書けちゃうし、「おめでたい」ですら「御目出度い」って書けちゃう。それは便利なことだけど、どちらが〝より読みやすくなる〟のか？　パソコンは判断してくれません。

それは書き手の漢字の知識量ではなく、完全に「書き手の美的センス」にゆだねられている。

だから決してなにが正解とは言えないのですが、ひらがなの加減が絶妙で……読んでいるといつも目に心地いいなあ、と思う作家さんがいます。

今から考えればませていたとはいえ、小学校五年の子供に夏目漱石がどれほどわかったのか疑問です。私もはじめは、「おはなし」として読んだような気がします。鼻毛を抜いて並べる主人公苦沙弥先生や寒月君。私はワルの車屋の黒がひいきでした。読んでいる間、私はこの本から、ひげをはやした偉そうな夏目漱石先生から、一人前のおとな扱いされていました。おとなの言葉で、手かげんしないで、世の中のことを話してもらっていました。たわいない兄弟げんかやおやつの大きい小さいで泣いたりすることが、ばかばかしくなってきました。

〜向田邦子『夜中の薔薇』より

ひらがなによって読者を立ち止まらせる

テレビドラマ脚本家であり、エッセイスト、あるいは小説家でもある向田邦子さんは、さすがに文章のすみずみまで神経が行き届いています。

中でも特に参考にしたいのが、ひらがなの混ぜ方です。とても洗練されています。

どういうことか、ためしに例文に漢字を増やして、少し〝改悪〟してみましょう。

今から考えればませていたとは言え、小学校五年の子供に夏目漱石がどれ程分かったのか疑問です。私も初めは、「お話」として読んだような気がします。鼻毛を抜いて並べる主人公苦沙弥先生や寒月君。私はワルの車屋の黒が贔屓でした。読んでいる間、私はこの本から、髭を生やした偉そうな夏目漱石先生から、一人前の大人扱いされていました。

大人の言葉で、手加減しないで、世の中の事を話してもらっていました。たわいない兄弟喧嘩やおやつの大きい小さいで泣いたりすることが、馬鹿馬鹿しくなってきました。

元の例文のほうが、話の緩急がついていて、読みやすいですよね。しかも「ひいき」や「おとな」といったキーワードがすんなり頭に入ってきます。

ひらがなって漢字よりも「ゆっくり読ませる」ものなんです。

「大人」よりも「おとな」のほうが、テンポとして遅く読んじゃう感じがするでしょう。反対に、漢字のほうがするすると速く読むことができます。

だから漢字ばかりが続くと、かえって「ひっかかりがなく読めて、頭に残りにくく」なるというデメリットもある。

たとえば学術論文で、ひらがなを多用することは稀です。だって学術論文は情報を正確に伝えるためのものだから。

しかし私たちの文章は、正確なだけでは困ります。読み手が目を留めて、内容を咀嚼してほしい。そこで漢字で書けるところを、あえて「ひらがな」にする。そうすることで、その部分を少し遅いテンポで読んでもらえます。

では、どんな漢字をひらがなにすればいいのでしょう。

・提案1、アクセントをつけたい言葉

色々な人が集まって、様々な意見が交わされた。

←

いろいろな人が集まって、さまざまな意見が交わされた。

前の文章はさらっと読めますが、後の文章は「いろいろ」「さまざま」が強調されて、内容が頭に残りやすい。

・提案2、漢字と連続する言葉

今年一番風邪引きそうな日。念の為保険証持って病院へ行こう。
↓
今年いちばん風邪ひきそうな日。念のため保険証もって病院へ行こう

漢字が続くと、何度か読み直さないと、意味が入ってこないですよね。適度にひらがながあると、視覚的に一発でとらえられる。意図しているかわかりませんが、向田邦子さんの文章も「手かげん」とか「おとな扱い」あたりは漢字を連続させていません。

・提案3、自分が手書きしたときに、漢字では書かなそうな言葉

薔薇を自然にプレゼントできる人ってすごく素敵だと思う。でも私のキャラクターでは有り得

ない。

←バラを自然にプレゼントできる人ってすごく素敵だと思う。でも私のキャラクターではありえない。

自分が通常ボールペンでは書かない（書けない）ような漢字を使えば、等身大の自分よりも高尚な文章に見える気がする。もちろん〝難しい漢字を知っている自分〟というイメージを作りたいなら、それも一つの手です。

でも、親しみやすさを出したいという目的があるのだとしたら、逆効果ですよね。

どちらか迷ったらひらがなを選ぶのがおすすめ。「ひらがなだらけだと幼稚に見えそう」と思う人もいるかもしれませんが、ひらがなはごまかしが効かないので、むしろ書き手の自信を感じられます。

ただ、さすがに大人が「たいよう」「おはな」「ことり」くらいまでレベルを下げちゃうと、天然かわいこぶっているふうにも見られるので注意。

子どもにもわかるものは、大人の目にやさしい。

まとめてみた

ひらがなにしたいとき

1、強調したいとき

貴方と会えて、本当に幸せだった。↓あなたと会えて、本当にしあわせだった。

2、漢字と漢字が連続するとき

御確認頂けますか。↓ご確認いただけますか。

3、手書きはあまりしないような漢字

絨毯の上に、煎餅を落とした。↓じゅうたんの上に、せんべいを落とした。

硬質筆致モデル

バズる文体
井上都の冷静力

感情を見せない。

どう感じたのか言ってくれない相手には、逆に想像がふくらむ。

なにか言いたいことがあるから書く。

それが文章を書く理由なはずなのに、この世には皮肉な法則があります。

それは、「心の底で感じてることって、たいてい、その場では言葉として頭に浮かばないのだ」ということ。

楽しい毎日が常態化してるときには、「楽しい」って言葉がなかなか出てきませんよね。「苦しい」って連呼する人は、それまでが苦しくなかったりして。いつも怒ってる人は、「怒っている」という感情を麻痺させてたり。

日常的に味わっている感情って、たいてい後で振り返ってみて「あのときはつらかったんだな」「あれこそが幸せだったんだな」と気づくものです。

文章も似ています。本当に思ってることは、実はみんな言葉にしない。文字にせずにただ状況を書いたほうが読み手の想像を掻き立てることがあります。

井上都さんの文章を読んで、想像してみてください。行間のいたるところに思いが込められてるけど、言葉にはなってません。

感情ナシ。行為だけ

2月の寒い日、顔も洗わず髪もすかずに息子を背に夕飯を作っていると、彼が揚げものを片手に銭湯から帰って来てホイと無言でそれを私に手渡した。万事手際が悪く、2時間、3時間台所に立ちながら何一つ食卓に並べられない私を見越しての手土産だった。

包みを開くと手羽元の揚げもの数本と、アジのフライ、コロッケ一つが入っていた。手羽元は自分用、アジとコロッケは私にだと言う。これでおかずは助かったと内心思いながら「なに、これ?」と可愛げのない言葉を返し、私は背中で眠る子をおぶったまま甘いソースをジャバジャバかけて苦虫をかみつぶしたような顔をして食べた。

隣で焼酎を飲み始めた彼から銭湯の湯気の匂いがして、それが真冬の外気の冷たさを思わせた。

感情そのままを書かない

～井上都「揚げもの」より

ここには井上さんの感情があふれているはず。

この文章の中には、一つも「直接、感情をあらわす言葉」が見当たらず、起こったことだけが、淡々とつづられています。

もしもここに感情を書き加えるとするならば、こんな文章になってしまいます。

〉包みを開くと手羽元の揚げもの数本と、アジのフライ、コロッケ一つが入っていた。手羽元は自分用、アジとコロッケは私にだと言う。これでおかずは助かったと内心喜びながら表面上は「なに、これ?」と可愛げのない言葉を返し、私は背中で眠る子をおぶったまま甘いソースをジャバジャバかけて苦虫をかみつぶしたような顔をして食べた。特別おいしいコロッケではなかったけれど、あの時間はいま思えば楽しかったように思う。隣で焼酎を飲み始めた彼から銭湯の湯気の匂いがして、それが真冬の外気の冷たさを思わせた。私はなんだかんだ、彼のことが好きだった。

きょ、興ざめだと思いませんか!? 好きとか書いちゃだめでしょ。好きって書かずに好きって状況が伝わるからぐっとくるのに。

書き手の感情がまったく文字になっていないからこそ、逆に、読み手は描かれた「状況」から、勝手にそこに存在するであろう書き手の「感情」を想像するんです。

イメージでいうと、ドーナツの空洞部分に「感情」がある。そしてそのまわりの「状況」だけが描かれている。「書かれていない」ことで、よりリアリティが増すわけです。


たとえば、この文章から……

うちの上司はしつこく「若者はなにか新しいことに挑戦しろ」と説教をたれるくせに、本当に新しいことをやろうとすると、取るに足りない自分の経験を持ち出して、「今まで誰もうまくいっていないから」などと抜かしてなかなか承知しない。誰かがすでにうまくいっているなら、それは新しいことではないということが理解できないらしく、腹が立つ。


感情を取り除いてみると……

うちの上司はよく「若者はなにか新しいことに挑戦しろ」と言うが、本当に新しいことをやろうとすると、自分の経験に照らし合わせて、「今まで誰もうまくいっていないから」などの理由でなかなか承知しない。誰かがすでにうまくいっているなら、それは新しいことだとは言えないと思う。

後者のように、感情を前面に押し出さないほうが、言いたいことが伝わってきませんか？「説教をたれる」とか「抜かして」などの乱暴な表現がなく、状況説明だけに絞ったほうが、むしろ上司に対する不満がより鮮明になります。

もちろん、わかりやすさを優先するなら、自分の感情を説明してもいい。

でも私は圧倒的に「あえて感情が書かれていない文章」のほうが、心を揺さぶられるんです。言葉よりもずっと、行間のほうが強いから。

本当に心が動いたら、言葉にならないのかもしれない。

まとめてみた

1、この文章ではどういう感情を出したいのか。
うれしかった。／悲しかった。／楽しかった。など

2、その感情をあらわす言葉を禁止する。
わざわざ会いにきてくれた。×／ひどい言葉だった。×／最高の一日だった。×など

3、状況だけでその感情を表現する。
私の耳は熱くなった。／コーヒーに手をつけなかった。／ひと駅乗り過ごした。など

接続詞
省略
モデル

バズる文体
恩田陸の
快速力

つなぎ言葉を隠す。

ここぞという部分が、はっきり伝わってくる。

文章の中で、「接続詞」とはなかなかに悩ましい存在です。
使い方一つで、文章全体を美しくまとめることもできる。一つ間違えれば文章全体を混乱させることもある。**感覚的に使うわけにはいかない難物です。**

接続詞とはもちろん「だから」「しかし」「また」「そして」「なぜなら」など、文章を円滑に読ませるために欠かせないものですが、たとえばもし私が先生で、小学生に作文を指導することになれば、やっぱり「まずは接続詞をきちんと使いましょう」って指導すると思います。

「けさのてんきははれでした。〃しかし〃おひるからあめがふってきました。〃だから〃もっていたかさをさしました。〃そして〃かっぱをきました。〃なぜなら〃あめにぬれるといろいろこまるからです。〃たとえば〃ふくがよごれます。〃また〃かぜをひくこともあります。〃ようするに〃あめにぬれてかえるとおこられるのです。〃とりわけ〃おこるのはおかあさんです。〃さて〃どうでもいいはなしはこれくらいにしましょう。」

という具合に、接続詞をしっかり書くと、すらすらと読みやすくなります。

伝わりやすい文章を書こうと思ったら、一文一文に接続詞をあてがうのは基本中の基本です。

しかし！　接続詞が多くなればなるほど、文章はだんだん〝鈍くさく〟なるんです。あえて、そういう効果を狙うならばいいけれど、上級者をめざすあなたには、こんな書き方もあることも知ってほしい。

接続詞なし

読書とは、突き詰めていくと、孤独の喜びだと思う。人は誰しも孤独だし、人は独りでは生きていけない。矛盾してるけれど、どちらも本当である。書物というのは、この矛盾がそのまま形になったメディアだと思う。読書という行為は孤独を強いるけれども、独りではなしえない。本を開いた瞬間から、そこには送り手と受け手がいて、最後のページまで双方の共同作業が続いていくからである。本は与えられても、読書は与えられない。読書は限りなく能動的で、創造的な作業だからだ。自分で本を選び、ページを開き、文字を追って頭の中に世界を構築し、その世界に対する評価を自分で決めなければならない。それは、群れることに慣れた頭には少々つらい。

はじめて接続詞

しかし、読書が素晴らしいのはそこから先だ。独りで本と向き合い、自分が何者か考え始めた時から、読者は世界と繋がることができる。孤独であるということは、誰とでも出会えるということなのだ。

～恩田陸『小説以外』より

名文ですので内容も味わっていただきたいのはやまやまなのですが、ここでは文章そのものだけに注目してみてください。

気づきましたか？　接続詞がたった一カ所しか使われていないんです。

〉しかし、読書が素晴らしいのはそこから先だ。

これだけ長い文章を書いておきながら、接続詞がないって、どういうことなんでしょうか。いや、厳密に言うと「ない」わけではなく、「見えない」のです。

①読書とは、孤独の喜びだと思う。
②（なぜなら）限りなく能動的で、創造的な作業だからだ。
③（ただ）それは群れることに慣れた頭には少々つらい。
④（しかし）素晴らしいのはそこから先だ。
⑤（というのも）孤独であるということは、誰とでも出会える。ということなのだ。

実際は、大体こんな流れになっています。そして書き手が一番伝えたいポイントはどこかというと、④の「しかし」の後です。〝読書は孤独〟だけど、それこそが〝素晴らしい〟と、そこに言葉の重心をおきたい。

④を一番目立たせるために、書き手は④の〝しかし〟以外の接続詞を、すべて隠してしまいました。接続詞たちが隠密行動をしている中、いきなり逆接の〝しかし〟が登場して驚きます。こうして、書き手の〝しかし〟以降のメッセージを、読み手に印象づけることに成功しています。

林檎を食べた。桃も食べた。蜜柑も少し食べた。しかし、葡萄は食べなかった。

こんな、まったく意味のない文でも、「え？　なんで？　葡萄どうした!?」って気になりませんか。

「そして、葡萄は後にとっておいた」でも「だから、葡萄は残した」でも同じことですが、とにかく接続詞の使用を我慢して、ここぞというときに使うと、読み手に強く印象づけることができます。

もちろん（接続詞がなかったとしても、文意がきちんと通るか？）という視点は必要です。見えているにしても、隠れているにしても、文章と文章の間には「接続詞が存在すべき」場合が多いからです。

特に「しかし」「でも」「だが」のような逆接は削ると意味不明になりやすい。

その点に気をつけながら、削っても意味が通じる接続詞は断捨離気分で削ってみましょう。さっぱりしますよ！

スピードを出すほど、ブレーキの衝撃が大きい。

まとめてみた

1、接続詞は省略することができる。

私は文芸オタクだ。だから、本が好きだ。
私は文芸オタクだ。そして、アイドルオタクでもある。
私は文芸オタクだ。一方で、パクチーの研究もしている。
私は文芸オタクだ。なぜなら、本屋で生まれたからである。
私は文芸オタクだ。ただし、小説に限ったことだが。
←
私は文芸オタクだ。本が好きだ。
私は文芸オタクだ。アイドルオタクでもある。
私は文芸オタクだ。パクチーの研究もしている。
私は文芸オタクだ。本屋で生まれたからである。
私は文芸オタクだ。小説に限ったことだが。

2、しかし「逆接」だけは省略できない。

私は文芸オタクだ。しかし、あまり本は読まない。
←
私は文芸オタクだ。あまり本は読まない。↑わけがわからなくなる！

3、「逆接」の後に、個性を発揮する。

私は文芸オタクだ。本が好きだ。しかし、あまり本は読まない。

壁ドンモデル

バズる文体

橋本治の豹変力

突然、口語になる。

急に「しゃべる」と、ドキッとする。

あなたは文章を書くとき、常体と敬体はどう使い分けてますか？

学校の作文の授業なんかでは「〝ですます調〟か〝である調〟か、どちらかでそろえましょう」と教わったかもしれません。たいていみんな、その教えが身体に染み付いちゃっているもんだから、いまだに「ですます調」で文章を書いている途中に、「だよ」とか「なんだ」とか書くと減点されるような気持ちになるんですよね。

同じ相手（想定読者）に対しては、同じ文体を使わないといけないのでしょうか？　いや、本当はそんなことはないはず。よく耳を澄ませてみれば、子供たちに「ちょっと静かにしてねー」とやさしく伝えても、全然静かにしてくれなければ「し！　静かにして！」と声を荒らげて、それでも静かにしてくれなければ、最終手段として「もう少しだけ、お静かに願えますか」と丁寧に低い声ですごむ人がいる。

伝える相手によって、立場によって、状況によっていろんな言い方をするものです。

ふだん私たちは無意識に〝文体〟を使い分けています。「文体は統一しなければならない」というのは思い込み。たとえば橋本治さんの文章を読むとしみじみそう思います。

橋本治さんは文体使いの天才。これを聞いて、彼の代表作である『桃尻娘』を思いつくあなたはきっと読書好きのはず！

時には女子高生にも、厳しい評論家にも、やさしい人生の先輩にもなる。

読み手の心に届かせるために変幻自在なカメレオン文体。文体を切り替えることによって、〝感情の見せ方〟をコントロールできるのです。

硬い文体から

この半年くらい、気がつくと「自己承認欲求」という言葉をよく聞いていた。どうでもいい写真の類をSNSに上げるのは自己承認欲求だ、とか。分かりそうなものだが、よく考えると分からない。どうしてそれが「下らない自己主張」ではなくて、「自己承認欲求」なんだ？　と考えて、「自己主張ならその受け手はなくともいいが、自己承認欲求だと受け手はいるな」と気がついた。相手がいなくても勝手に出来るのが自己主張だが、自分を認めてくれる相手を必要とするのが自己承認欲求で、そう思うと「なんでそんな図々しいこと考えるんだ？」と思う。世の中って、そんなに人のことを認めてなんかくれないよ。「あ、俺のこと認めてくれる人なんかいないんだ」と気がついたのは、もう三十年以上前のことだけど、気がついて、「認められようとられまいと、自分なりの人生を構築してくしかないな」と思って、「人生ってそんなもんだな」と思った。

突然の口語

また冷静に戻る

〜橋本治「自己承認欲求と平等地獄」より

前半部分は「〜聞いていた」「〜分からない」「〜と気がついた」といった、ドライな断定口調ですよね。ちょっと硬めのコラムというか、いかにも評論家らしい文体です。しかし淡々と進んでいく橋本治さんの文章は、いきなり急カーブします。

〉世の中って、そんなに人のことを認めてなんかくれないよ。

例文に線を引いたところ。いきなりタメ口。これが効果的なのです。

この文章以前では、〝自己承認欲求〟と〝自己主張〟の違いについて、ただ「説明」をしていました。ところが、この「認めてなんかくれないよ。」の一文を挿入することによって、橋本治さんは自分の「主張」に、グイッと読み手の心を引き寄る。

それまで冷静に観察してきた〝自己承認欲求〟というもの。それを安易に求める人たちに対して、真っ向からダメ出しをする。

冷たかった文章が突然、体温を持ったわけです。読み手はそのギャップにドキッとして、瞬時に心を開いてしまいます。ほら、あたかもびしっとスーツで決めていた紳士が、突然ジャケットを脱ぎ捨てて、ネクタイをほどきながら、なにかを語りはじめようとするみたいに。しゃべり口調で書かれていた文章が、急にあらたまった丁寧語に変わっても同様です。本気さが伝わって、読み手は（これは聞かないと）という気にさせられるのです。

話している途中、言い方を変えることで聞き手の注意を引くことができるように、書いている途中、文体を変えることで読み手の注意を引くことができます。

ギャップこそが魅力。

まとめてみた

1、〝冷静な人〟から書きはじめる。

この半年くらい、気がつくと「自己承認欲求」という言葉をよく聞いていた。

2、ちょっとずつ〝情熱の人〟を出していく。

どうしてそれが「下らない自己主張」ではなくて、「自己承認欲求」なんだ？
↓
相手がいなくても勝手に出来るのが自己主張だが、自分を認めてくれる相手を必要とするのが自己承認欲求で、そう思うと「なんでそんな図々しいこと考えるんだ?」と思う。

3、言いたいことを言うタイミングで、情熱を一気に開放する。

世の中って、そんなに人のことを認めてなんかくれないよ。

人柄調節モデル

バズる文体
上橋菜穂子の親身力

読点でテンポを操る。

え？　私ひとりのために、話してくれてるの？

文章って一体どこに読点を打てばいいんだろう。

書いているときの気分によって、ころころ変わることはありませんか。(短く、ぽんぽん切りたい！　読点多めで！)というテンションのときもあれば、(流れるように、一気に書きたい！　読点少なめで……)というテンションのときもある。

書いているときはいいのだけれど、読み返したときに、なんとなく全体がギクシャクして気持ちが悪いことがあります。

常識的には、読点なんて自分の好きにすればいいでしょう。国語の先生も「きみの好きにしろ」って言っていました。

文章はどこで区切ってもいい。でもだからこそ「迷ったときはこれ！」っていう目安がほしい。

私はこの「文章の読点区切り問題」について、真剣に取り組んだことがあります。

「読みやすい長さとは？」「親しみやすい長さとは？」「そもそも読点ってなに？」長らく解けなかったこれらの問いについて、一つの答えにたどりつくことができたのは、ひとえにこの文章を読んだおかげです。

子どものころの夢がかなって、私は作家になることができました。でも、「作家になること」という夢がかなったところで、時が止まるわけではありません。その先には、やはり、まったく道のない「作家として生きつづける」という新たな登り坂が待っているのです。

私はいまも、迷いながら（ときに、逃げたいな、と思いながら）この道を、よいしょ、よいしょと登っています。登っていく先に何があるかもわからぬままに。

それでも、これが私の人生ですから、歩いていくしかありません。子どものころのあの思いが連れてきてくれた場所から、大人になった私が、いまの歩幅で歩いていける場所へ、ゆっくりと、でも、顔をあげて、歩いていこうと思います。

～上橋菜穂子／瀧晴巳「自分の地図を描くこと」より

句読点が多い。
ゆっくり読める！

この文章は、作家の上橋菜穂子先生が生い立ちを語ったもの。その内容を、ライターの瀧晴巳さんがインタビュー記事として再構成したものです。

この文章のなにがすごいって、読んでいると、まるで生身の上橋菜穂子先生が、私たちに直接語りかけてくれているように感じられること。

紙の上の文章なのに、なぜこんなにも生き生きとした「言葉」として感じられるのだろう？

結論から言うと、そのヒントは「一文の長さ」というよりも「読点の数」にありました。読点を減らした改悪バージョンと見比べてみてください。

〈ビフォア（改悪）〉

それでも、これが私の人生ですから歩いていくしかありません。子どものころのあの思いが連れてきてくれた場所から、大人になった私がいまの歩幅で歩いていける場所へゆっくりと、でも顔をあげて歩いていこうと思います。

↓

〈アフター（原文）〉

それでも、これが私の人生ですから、歩いていくしかありません。子どものころのあの思いが連れてきてくれた場所から、大人になった私が、いまの歩幅で歩いていける場所へ、ゆっくりと、でも、顔をあげて、歩いていこうと思います。

〈ビフォア（改悪）〉

私はいまも迷いながら（ときに逃げたいなと思いながら）この道をよいしょよいしょと登っています。

←

〈アフター（原文）〉

私はいまも、迷いながら（ときに、逃げたいな、と思いながら）この道を、よいしょ、よいしょと登っています。

〈ビフォア〉のほうが、読点の量としては一般的だと思います。でも読んでいて、なんとなく、心の距離が遠い感じがしませんか？

「それでも、これが私の人生ですから、歩いていくしかありません。」から「それでも、これが私の人生ですから歩いていくしかありません。」への違いなんて、たった一つ読点を削除しただけなのに、いきなり、一方的に喋っているように感じられます。

そうなんです。読点が多いほど、テンポが落ちて、親身になって話しているように読めるんです。一語、一語、丁寧に、語りかけている、雰囲気に、なるのです（これはやりすぎですね）。

反対に、読点が少ないほどテンポが速まって、一方的に報告しているように聞こえます。読み手をほうを見ずに、勝手に話している感じです。それはそれでドライな感じが出て、良い効果を生むことがあります。

上橋菜穂子先生は、やさしく語りかけるようなお人柄です。読点を多く打つことによって、その雰囲気を再現しているのでしょう。

・親身に語りかけられている気がする＝読点が多め
・一方的に説明されている気がする＝読点が少なめ

どっちが正解ということはありません。

人間関係と同じように、自分から心を開かないと、なかなか相手も心を開いてくれない。かといってなんでもかんでも距離を詰めればいいというわけでもない。読み手とのほどよい距離感、というものが存在しますよね。

距離を詰めたいときは読点を増やし、距離をおきたいときは読点を減らせばいい。

丁寧に伝えたいとき（エッセイなど）は、読点多めでカジュアルに。正確に伝えたいとき（レポートなど）は、読点少なめでフォーマルにしても良いでしょう。
読点の打ち方をそろえるだけで、文章全体の印象がかなりしまる。これが「読点問題」に対する私なりの仮説です。

話す速度によって、相手との距離が決まる。

まとめてみた

1、読み手に対する、自分のキャラクターを決める。
事務的でてきぱきした自分。親身になって語りかける自分。明るくテンションの高い自分。

2、そのキャラクターに合った「話すスピード」を想像する。
事務的でてきぱきした自分→早め　親身になって語りかける自分→遅め　明るくテンションの高い自分→時に早く、時に遅く。

3、そのスピードに合わせて、読点を打つ頻度を決める。

フィルターモデル

バズる文体

永麻里の代弁力

身近な人のエピソードを使う。

あなただから書ける文章が好き。

突然ですが、「いい香りがするような文章」ってありません?

プロの作家が書く文章はもちろん、ブログやSNSの記事でもなんでも、ちょっと前を通りかかっただけで、なんとなーくいい感じがして、ついつい吸い寄せられてしまうような。私もいい香りのする文章が書きたいなあ、とひそかに思っていたのですが、どうやったらそんな文書を書けるのかと言えば、まったくわかりませんでした。この文章と出会うまでは。

テレビに出ていると顔を知られる。良くも悪くも「有名」になる。テレビに出るからって偉いわけでもなんでもないのに、「特別な人」みたいな目で見られる。そのことが父には恥ずかしくてたまらない。

人の体験

人の体験

永六輔にとって、テレビと違ってラジオは等身大でいられる場所だった。だから、死の直前までずっとライフワークとして続けられたのだろう。

街で振り返られたり声をかけられたりサインを求められたり、そういうこと全てが恥ずかしい。だからといって、サングラスだの帽子だので「変装」なんかするのはもっと恥ずかしい。「粋」とは正反対の「野暮」である。

江戸っ子は、恥ずかしい気持ちが強いからこそ「粋」に繋がるのだとよく言っていた。善い行いをするのも、誰かを喜ばせるのも、「はい、私がこんなことをしてあげますよ」というのは「野暮」の骨頂。そっとさりげなくやって、「あ、こんなことをしてくれたんだ」と気付いた人がお礼を言おうと思ったときにはもう立ち去っているくらいが「粋」なのだ。

人の発言

↓一般論

~永麻理「照れる人」より

自分が体験したエピソードから、ある気づきにいたった文章です。

実際は、もともと自分の主張があり、(なぜそう言えるのか?)という根拠を、個人的なエピソードで裏付けています。これは、よく見られる書き方です。

たとえば永麻理さんの文章の場合は、

・「粋」＝恥ずかしい気持ちが強いからおこなうこと。
・堂々と誰かを喜ばせること＝「野暮」

という個人的な主張がもともとあり、その主張を、父・永六輔さんとの思い出によって裏付けています。

永六輔さんは、誰もが認めるであろう江戸っ子です。「粋」や「野暮」の正解を語れる数少ない人物でしょう。説得力があります。

ふむふむ、なるほどねと読んでいると、あることに気がつきます。

〉江戸っ子は、恥ずかしい気持ちが強いからこそ「粋」に繋がるのだとよく言っていた。

という一文までは、主張の主が永六輔さんだとわかる。

しかしその文章以降はどうでしょうか。

主体がグラデーション状態になっていませんか。つまりそう語っているのが永六輔さんなのか、書き手の永麻理さんなのか、もう、どっちがどっちかわからなくなっている。

そして読み手としては、このときすでに、もうどっちがどっちかなんて問題は、どうでもよくなっていて、納得させられてしまっている。これはすごい！

身近な人の物語を書きつつ、そこからささやかな気づきを得ている。

これこそが香りの正体なんじゃないか、と。

〝その道の偉い人〟の考えやエピソードは、「自分の主張を裏付ける説得材料」としてよく使われるものです。中でも身近な人のエピソードは、その人しか書けない文章だからこそ、より一層、素敵に見える。

さらに「自分」と「他人」の〝気づきの境界〟をぼかすことによって、文章に強い説得力を持たせることもできます。

尊敬する人物と考えが一致するなら、その人の言動を借りて書いてみるのはおすすめです。

自分が出るだけじゃなく、人を立てる良さもある。

まとめてみた

1、身近な人を立てた文章は好感度が高い。

2、特に「あまり多くを語りたがらなそうな人」は◎。父親、年の離れた会社の上司、歴史の古い店の主人など◎。

3、その人の素敵さを、全力で書く！

ゆっくり語りモデル

バズる文体
開高健の実直力

思いを、不器用に、全部並べる。

出来事をできるだけ丁寧に、正確に伝えようとする誠実さが素敵。

その頃、ヴェトナムは①遠い、②忘れられた、③にぶい痛みの国であった。〝いつも何かモメている〟という程度にしか日本には伝えられていず、新聞社でも、誰も、何も知らなかった。第一、日本人の記者で記事らしい記事を書いた人物は一人もいず、戦場はおろか田舎へいった人物も一人もいないのだった。サイゴンから外へでた人物が一人もいないというのである。

言葉を並べる

言葉をくり返す

〜開高健『頁の背後』より

文章を短く、いらないところは削ろう。キャッチなー言葉を使って、わかりやすく書こう。

……というのが文章術の常識だと、私自身は信じてきました。

でもその一方で、**自分の「感覚」とか「感触」まで、短く削ぎ落すことはない**のかもしれないない……と思っています。

あまり歯切れのよい言葉を使いすぎていると、文章が、自分の言いたいことから、離れていってしまうことがある。

文章のプロたちは、自分の言いたいことを無駄にしない。言うなれば、〝もったいない精神〟です。**自分の五感が得た情報を、あますことなく言語化する。**そうそう、そういうところまで言語化してほしかったの。私もそういうことが言いたかったの。そう思わせてくれる。

なぜそんな言語化ができているかと言えば、それはもちろん懸命に言葉を選んだ末に生まれた文章だから。

だけど一方で、むしろ、「ひと言で言うことを諦めた結果」でもある、と私は思うのです。

たとえば例文で言うならば普通だったら、

「(その頃は、遠い、忘れられた、にぶい、それはつまり……)ヴェトナムは痛みの国であった。」

と端的なひと言で表したいところです。〝痛みの国〟とかちょっとかっこいいじゃないですか。

でも強引にひと言でまとめなくても、「遠い、忘れられた、にぶい痛みの国」と表現されているほうが、読者には本当のことが伝わる。歯切れなんか悪くてもよくて、それよりも書き手の感触をあらわす言葉を並べたほうが、伝わるものが大きい。

ほかにも「新聞社でも、誰も、」の「誰も、」の強調や、「一人もいない」のくり返し。文章術の定石からすると、無駄に見えますがあったほうが、「誰もいなかった」様子がよく伝わる。

多少たどたどしくても、ぴったりくる、平凡な形容詞を並べる。たとえを、一つではなく、ふたつみっつと重ねる。「うまく言えないけど」って何度も説明する。

正直、そういう素朴な表現をするのって、ちょっと勇気のいることです。なんとなく稚拙に見えそうな気がするから。

でもむしろ読み手にとっては、そちらのほうが書き手の知的さを感じられたりするもの。感じたことを手放さないように、伝わる言葉を見つけていけたらいいですよね。

ちゃんと観察している人は、言葉を無駄にしない。

まとめてみた

1、すぐ類語辞典に頼らない。

×緊張　×張り詰める　×ピリピリする。

2、起きた出来事に対して、頭だけで考えず、五感を研ぎ澄ましてみる。

なにが見えた？　なにが聞こえた？

どんな香りがした？　どんな手触り？　どんな味？

3、適切な言葉が見つからないときは、いっそ全部、頭に浮かんだ言葉を並べてみる。

黒板の前に腕を組んで座る教官。

工事現場の金属音。通学児童のはしゃぐ声。

かすかなカビ臭さ。受験生たちの入り混じった体臭。

胃のあたりが少し痛む。

口の中が乾いている。

映像記録モデル

バズる文体
司馬遼太郎の撮影力

カメラだけで書く。

一緒にその場にいるような気分になって楽しい！


自分の目を通して見た景色って、なかなか言葉で伝えられないもの。

あんなに素敵な景色だったのに、あんなに面白い光景だったのに、それがどんな〝絵〟だったのか、他人にイメージしてもらうのは難しい。

でも一方でプロの文章を読んでいると、情景がぶわっと浮き上がってくることがある。**画像として見えるというより、まるで映像として動いているような。**

特に時代小説家さんは、絵を言葉に変換する能力が高い。「江戸の町並み」や「城内の合議」や「合戦の様子」なんて、誰もが知っているシーンなのに、作家さんによって描かれ方が違う。しかも大勢の武士が激しくぶつかりあう戦場なんかを、臨場感たっぷりに「言葉」だけで表現できてしまう。

どう見せているのか。どう切り取るのか。オリジナリティのある景色の描き方を、時代小説の大家・司馬遼太郎先生から学んでみたいと思います。

「変ですなあ。湖がないですなあ」
と、詩人のTさんが道を歩きつつつぶやいたほどに、道路の両側は家並みが列《つらな》っている。その家並みの裏手がすぐ湖水なのだが、道を歩いているかぎりは見えない。ただわずかに、家と家のあいだにすき間のあるところがあって、のぞくと、露地の奥に湖がみえた。その水平線は靄でけむっていた。

地理的な説明！

↓ティルト

ドリーイン←

そのすき間をくぐると、白い砂浜になっている。風はなく、波打際にはわずかに波が寄せている程度で、それ以外にうごくもののない風景である。

←ズームイン

ただ一点だけ動いていた。波打際に中年の婦人がしゃがんでいて、野菜を洗っていた。近づくと、洗っているのはごぼうだった。

→フォーカス

～司馬遼太郎「街道をゆく(三) 北国街道とその脇街道」より

まるで書き手と同じ景色を見ているような気持ちになる文章です。

でも、もし仮に司馬遼太郎さんと同じ景色を見ていたとしても、普通の人にはなかなかこんなふうに再現できないでしょう。

たとえば私だったら、そこがどんな場所だったか記憶をたぐり寄せながら、湖が近かったとか、古びた街だったとか、天気は良かったとか、暑かったとか、情報をバラバラに並べてしまうだろう。

じゃあ普通の人と、司馬先生の書き方の違いは一体なんだろう？　よく観察してみると……もしかしたら「焦点の当て方」にポイントがあるんじゃないか、と気づく。

司馬遼太郎さんは、見えないビデオカメラを持っている。そしてそのビデオカメラで街の風景を撮影していきながら、筆を進めていたんじゃないでしょうか。

画面には隣を歩く詩人のTさん。道路の両側につらなる家並み。家と家のあいだにすき間がある。のぞく。露地の奥に湖。水平線と靄。露地をとおると、白い砂浜。風のない静止画。わずかな波。一点だけ動くもの。中年の婦人。近づくと、ごぼうを洗っている。

絵をつないでいくとこんな感じ。でもちゃんと段取りが考えられています。

＞その家並みの裏手がすぐ湖水なのだが、道を歩いているかぎりは見えない。

一度ここで自分のカメラを外して、俯瞰で見たような地理的な説明を入れているんですね。なぜいきなり俯瞰の描写を入れたのか。それは、このあと彼らが湖を発見するから。いきなり「湖が見えて」というよりも、「湖が見つからないんじゃなくて、実は気づいてないだけ」っていう前置きがあったほうが、イメージを結びやすいですよね。

さらにわずかな家のすき間からのぞくと、そこには湖が見える。これは撮影技法でいう〝パン〟、そして「その水平線は靄でけむっていた」はカメラの〝ティルト〟。すき間をくぐって〝ドリーイン〟、動かない景色の中、一つだけ動くものに〝ズームイン〟。中年婦人が洗っているものに〝フォーカス〟。興味の対象に向かって「カメラワーク」することで、読み手も一緒に街道を歩いている気分を味わえるんです。

「街道を行く」は映像作品にもなっていますが、訪れた場所の様子を伝えたいときは、こんなふうに「カメラで追っている映像」を想像して、「自分のカメラはそのときどこにあるか？」を意識しながら書いてみると、〝司馬流〟の文章になるかも？

同じものを見ると、同じものに興味が湧く。

まとめてみた

1、街を歩くとき、ふだんは気にもとめないような光景に目を向ける。写真を撮る。あるいは、そんな気分で眺める。

2、その光景を思い出しながら、カメラワークをおこなうように表現する。

3、一定の速度を保つ。始動と止めるときはゆっくり。そんな気持ちで。

対照的造語モデル

バズる文体

三島由紀夫の対比力

でこぼこする言葉を使う。

プラスとマイナスが合体すると、最後まで読まされる。

そりゃ文章なんて、読みやすければ読みやすいほどいいに決まってる。なめらかに目がすらすらすら〜っと滑っていくような文章が最高。って、ずっと思っておりました。

でも、どうだろう。微妙に意見が分かれそうな話をあえてしますよ。読みやすい文章って、本当に、手放しでいいものなの？　読みやすい文章って、もしかしたら、あんまり読み手の心に残らなかったりしない？

思うんですよね。人の心に残すためには、ある程度の「でこぼこ」が必要なんじゃないかって。

もちろん、なに言っているのかわからなかったり、主語と述語の関係がおかしいとかじゃだめだ。「でこぼこ」にもセンスがほしい。じゃあ、センスのいい「でこぼこ」ってなんだろう。

もう愛情とか人間とか仰いますな。そんな言葉は不潔です。あなたのお口から出るとけがらわしい。あなたは人間の感情からすっかり離れていらっしゃるときだけ、氷のように清潔なんです。そこへそのべたべたしたお手で、愛情だの人間らしい感情だのを持ち込んで下さいますな。本当にあなたらしくない。もう一度あなたらしくおなりになって、政治以外の心の問題なんぞにとらわれるのはよしに遊ばせ。

でこぼこ

でこぼこ

～三島由紀夫『鹿鳴館』より

氷のように清潔。ちょっと変な言い方だと思いませんか？

「清潔」という言葉から、なかなか「氷」は思い浮かびません。

でもあえてここで「氷のように清潔」と表現することで、「清潔」という言葉が気になる存在になっています。

もし、この文章から「氷のように」を削除すれば、「感情」とか「愛情」と同じ感覚で、「清潔」をさらっと読んでしまうかもしれない。「人間の感情から離れてるときだけが清潔」なんて象徴的なことを言っているのに、そのことに読み手は気づきづらい。すると、台詞全体の印象が薄くなる感じがしますよね。

だけど「氷のように清潔」なんて言われたら、見逃すことはできません。どんな清潔さなのかを考えさせられながら、以降の文章を読むことになります。

……って、なんでこんなに「でこぼこ」した感じを受けるのか。

それは、おそらく「氷のような感情」というマイナスのイメージを持つ表現と、「清潔」というプラスのイメージを持つ表現が合成されているから。

〉もう愛情とか人間とか仰いますな。そんな言葉は不潔です。

この一文にも「愛情という（プラス）」→「不潔（マイナス）さ」という〝でこぼこ〟が隠されています。

プラスとマイナスの言葉を合わせると、印象が〝でこぼこ〟になって、読み手の印象に残りやすい。

〉嫌われる（マイナス）喜び（プラス）。

〉好かれる（プラス）恐怖（マイナス）。

〉駅から徒歩30分（マイナス）という利便性（プラス）。
〉駅から徒歩1分（プラス）という不便さ（マイナス）。
〉働かなくてはいけない（マイナス）ゆえの幸福（プラス）。
〉働かなくても食っていける（プラス）ゆえの地獄（マイナス）。

こんなふうに対照的なイメージを持つ言葉をくっつけて、センテンスをでこぼこさせることによって、「どういうこと？」「間違ってるんじゃないの？」と読み手の目を引っかけて、とどめやすくなります。

あんまり使いすぎると胃もたれしそうな方法ですが、文章全体の味を決めるスパイスとしての一振りは有効かもですよ。

摩擦が起きるところに、新しい価値が生まれる。

まとめてみた

1、強く主張したいことはなにか。

余計な感情をはさまないときだけが、あなたらしい。

2、それぞれプラスとマイナスのイメージを持つ言葉に変換する。

余計な感情をはさまない＝氷のような感情。

あなたらしい＝清い。潔い。清潔。

3、ふたつの言葉を合体させる。

氷のように清潔だ。

主観バリバリモデル

バズる文体
谷崎潤一郎の気分力

「どう感じているか」をくっつける。

なんでもない出来事も、感情移入しながら追体験できる。

日記でも、レポートでも、メールでも、身の回りで起きた出来事や状況を伝えようとするとき、たいていの人は「淡々と」してしまいがちです。

私もずっと「淡々と」が好きでしたが、『痴人の愛』を読んでから考えを改めました。

状況を伝える上で大事なのは、「なにがあったのか」よりも「どう感じているか」を伝えることなのか！　と考え直すことができたのです。

私がいよいよナオミを引き取って、その「お伽噺の家」へ移ったのは、五月下旬のことでしたろう。這入って見ると思ったほどに不便でもなく、日あたりのいい屋根裏の部屋からは海が眺められ、南を向いた前の空地は花壇を造るのに都合がよく、家の近所をときどき省線の電車の通るのが瑕でしたけれど、間にちょっとした田圃があるのでそれもそんなにやかましくはなく、先ずこれならば申し分のない住居でした。のみならず、何分そう云う普通の人には不適当な家でしたから、思いの外に家賃が安く、一般に物価の安いあの頃のことではありましたが、敷金なしの月々二十円というので、それも私には気に入りました。

「ナオミちゃん、これからお前は私のことを『河合さん』と呼ばないで『譲治さん』とお呼び。そしてほんとに友達のように暮らそうじゃないか」

と、引越した日に私は彼女に云い聞かせました。

～谷崎潤一郎『痴人の愛』より

これは、新しい家に引っ越してきたばかりの描写。

あの描写の鬼『陰翳礼讃』の谷崎潤一郎なんですから、どれほど巧みな風景描写をしてくれるんだろう？　と期待がふくらみます。

でも、実際読んでみると、けっこう普通。光景がありありと脳内で再現されるような迫力は、正直そんなに感じられない。

それでもしみじみと、情景への感慨が伝わってくる。なぜか。それは、光景のいちいちに「自分がどう感じているか（主観）」が含まれているからです。

ちなみに、下線部はすべて主人公が「どう感じているか」という部分。

「屋根裏の部屋から海が眺められ」「南を向いた前の空地」「電車の通る」「田圃がある」などは風景描写ですが、それに対して「日あたりのいい」「不便でもない」「花壇を造るのに都合がよく」、「暇でしたけれど」「やかましくはなく」「これならば申し分のない」「思いの外に家賃が安く」など、主人公の引っ越しに対する「どう感じているか」が織り込まれているのです。どれもポジティブだし、明るいですよね。

だって、そうでしょう。引っ越す以前に「ナオミ」に同棲を持ちかけて、了承を得たわけですから。これこそ主人公が家を気に入っている最大の理由。ここでは引っ越しではなく、引っ越しに対する感情が描かれている。

うまく描写しようとがんばらなくても、「どう感じているか」の描写が入るだけで、ぐっと面白くなる。

ためしに反対バージョンとして、主人公が引っ越しに対して、否定的な印象を持ったらどうなるか、〝下手〟に書いてみますね。

私がいよいよナオミを引き取って、その「お伽噺の家」へ移ったのは、五月下旬のことでした。這入って見るとやはり不便なところもあり、直射日光の当たる屋根裏の部屋からは海くらいしか眺めるものもなく、南を向いた前の空地は狭く、花壇を造る以外に使いみちはなさそうです。間にちょっとした田圃があるのでそんなにやかましくはありませんでしたが、家の近所をときどき省線の電車の通るのが瑕で、不満の残る住居でした。のみならず、敷金なしの月々二十円、家賃が安いものの、一般に物価の安いあの頃のことだったのでそれも妥当で、何分そう云う普通の人には不適当な家でしたので、それも私には気に入りませんでした。

こんなふうに同じ風景描写でも、書き手の心持ち次第で印象はまったく変わる。「なにを見ているか」を書いているように見えて、「なにを感じているか」が表現されてしまうんですね。

〈ビフォア〉

あの家は毎朝、まず、寝癖をつけたお父さんが犬の散歩に出かけます。次に、ランドセルを背負った女の子が大きな声で「いってきます！」と言って家を出ます。最後にお母さんが、ぐずる小さな男の子をなだめながら自転車に乗せて出かけていきます。

↓

〈アフター〉

あの家は毎朝、まず、寝癖をつけたお父さんが犬の散歩に出かけます。仕事でお疲れのお父さん、偉いな。犬はすごくうれしそう。次に、ランドセルを背負った女の子が大きな声で「いってきます！」と言って家を出ます。いつも明るくて、元気な子。最後にお母さんが、ぐずる小さな男の子をなだめながら自転車に乗せて出かけていきます。手は焼けるけど、息子がかわいくてしょうがないっていう感じ。ほほえましい。

簡易ではありますが、〈ビフォア〉はただ事実を淡々と書いたものであり、〈アフター〉は書き手がその家族に対して抱いている好意的な印象も含めて伝えようとしています。

ちょっとした変化だけど、家族一人ひとりの活動がいきいきと感じられて、楽しい気持ちで読めませんか？

この世は、あなたが見たいように見えるもの。

まとめてみた

1、「なにがあったのか」を書く。

スープは濃厚。麺は太めでちぢれている。

2、「どう感じたのか」を決める。

おいしかった。

3、「どう感じたのか」を、出来事にくっつける。

スープは濃厚なのに、すっきりしている。飲み干したくなるやつである。

麺は太めでちぢれている。私の好みだ。スープとのからみも完璧。

ヨガ文モデル

バズる文体

紫原明子の息継力

段落で、呼吸を整える。

読み進むほどに、なんとなくリラックスした気持ちになるのはなぜ？

段落って結局、どこで切ったらいいんだろう。

国語の授業なんかではたしか「話題が変わるところで段落を変えよう」って習った気がする。

しかし本当にそれだけだろうか。文章に関するルールは数あれど、段落ほど書き手によってバラバラなものってないような気がする。京極夏彦さんのようにじれったいくらいに段落を変えない書き手もいれば、新井素子さんのようにジャンジャンバリバリ段落を変えまくる書き手もいる。

そしてどちらも読みやすかった。なんだ、じゃあ好きなとこで段落変えればいいのか！……で、考えることをやめてよかったのですが、執念深い私はなんか規則性があるんじゃないか、みんなが「これだ！」って腑に落ちる法則があるんじゃないかと、ずっと調査していたのです。

その結果、見つけてしまったんです、法則を。あの、いきなりですが、その調査結果を発表します。

どこで段落を変えるべきか。それは「ひと息で読んでほしいところまで」。

……えええ？　なにそれ？　抽象的！

という非難の声が聞こえてきそう。わかります。たしかにじゃあ「ひと息」ってなんだよって話ですよね。私は思うのです、本当にすごい書き手は、〝読み手の呼吸〟のことまでを意識しているんじゃないかと。

段落のはじまりは息を吸うタイミングであり、段落の途中で呼吸を止め、段落の終わりに向かって吐いていく……。そんな感じです。

水泳をイメージしてみてください。大きく息を吸って、飛び込み台からじゃぼんと飛び込みますよね。

「段落が少なめ文章」というのは一気に読んでほしい文章だから、潜水状態で進ませ、その間、読み手に息を吐き出しながら泳がせます。息継ぎを許すのは、段落の切れ目です。

「段落が多めの文章」というのはゆっくり読んでほしい文章だから、吸って吐いて、吸って吐いての間隔が短い、平泳ぎのようなリズムで読ませます。読み手は比較的、自分のペースで読めることになります。

ではその吸って、吐いての切り替えとは一体どういう基準でおこなわせるのか。比較的、段落が多めの部類に入るであろう、紫原明子さんの〝文章呼吸〟のリズムは実にお見事です。

【吸ってーーー】うまくいくこともあれば、うまくいかないこともある。死ぬまで延々と自分として生きていかなきゃいけないから、できる自分も、できない自分も、いつかは受け入れなければならない。特にできない自分を受け入れるというのは、悔しかったり、悲しかったりするけれど、【吐いてーーー】まあできないことだってあるよな、できない自分だっているよな、タイミングだなと、そんな風に自分をそのまま受け止められるようになったら、きっとその瞬間にこそ見えている世界が一変する。自分が自分にかけていた過剰な期待を脱いで、ぐっと身軽になることができる。自分を許せるようになる。

【吸ってーーー】自分の力だけで何でもできると思っているかぎり、迫りくる時間は敵でしかないけれど、一度、自分がいかに非力かを知ると、時間はときにどうしようもない自分の背中をぐっと押して、いやがおうにも一歩を踏みださせる、強い味方になってくれもする。【吐いてーーー】またそのもっと先に、〝最終的にはなるようにしかならない〟と考える回路を作るのだって、決して逃げや諦めじゃない。むしろ、年齢と経験を積み重ねることでこそ勝ち得た、自分への信頼の証だ。

【吸ってーーー】自分なのか社会なのか、誰が作ったかもわからない30歳というボーダーラインを前に不安や焦りを抱く、答え合わせをしようとするのは、そこから先、本当に自由な大人になるために有効な通過儀礼だ。【吐いてーーー】子供から大人に生まれ直す、生まれの苦しみを通り抜けた先には、どうせ大したことなんてできないからこそ何だって好きにやれる、伸びやかで、清々しい世界が広がっている。

〜紫原明子「手の中で膨らむ」ブログより

第一段落の「うまくいくこともあれば、うまくいかないこともある。」以下は、〝現実を認める文章〟として一気に読ませ（吸って）、途中の「まあできないことだってあるよな、」以下は、〝希望に向かう文章〟として一気に読ませます（吐いて）。

ふたつの文章がペアとなり、そこに「吸って〜文」と「吐いて〜文」というワンサイクルの呼

吸があります。

また第二段落の「自分の力だけで何でもできると思っているかぎり、」以下は、自分の非力さを認めた場合の〝時間の話〟、途中の「またそのもっと先に、」以下は、自分の非力さを認めた場合の〝自信の話〟。

これもペアとなって、ひと息。

そして第三段落の、「自分なのか社会なのか、」以下はふたたび〝現実を認める文章〟として、そして「子供から大人に生まれ直す、」から〝希望に向かう文章〟として話をまとめます。ここにも対となった「吸って〜文」と「吐いて〜文」が存在します。

なにが美しいって、いずれの段落も、「吸って〜」と「吐いて〜」の切り替わりのタイミングが、**きっちり段落の真ん中あたりにきていること。**

だから読み手は呼吸のタイミングがつかみやすい。読んでいて、自然な正しい呼吸ができる。きっと読み手は読んでいて心地よいと感じるはずです。まさに読むヨガ、みたいな。

ポイントは一つの段落の中に、吸って〜吐いて〜の山を作れるかどうか。

書きながら感覚的に作れる人もいますが、もし読み返してみて、いまいち読みにくいなと思ったら、段落の区切り方を変えてみてもいいかもしれません。

息がぴったり合うと、仲良くなりやすい。

まとめてみた

1、自分の書いた文章を、呼吸を意識しながら読み返してみる。
2、一気に読ませたいなら段落は減らす。ゆっくり読ませたいなら段落を増やす。
3、段落の中にちゃんと「吸って〜文」と「吐いて〜文」のペアがあるか確かめる。

CHAPTER

3

バズる組み立て

BUZZ RU KUMITATE

妄想上昇
モデル

バズる組み立て

秋元康の
裏切力

オチでひっくりかえす。

現実と妄想がごっちゃになってる！

ポニーテールとシュシュ（歌・ＡＫＢ48／作詞・秋元康）

カレンダーより早く
シャツの袖口まくって
太陽が近づく気配
僕の腕から衣替え

青い海 波打ち際で
君と会いたい裸足の水しぶき

“めくる”と“まくる”をかける

↓なぜ？ 疑問の種明かしは後半

夏の描写①

ポニーテール（揺らしながら）
風の中
君が走る（僕が走る）砂の上
ポニーテール（揺らしながら）
振り向いた
君の笑顔 僕の夏が始まる

夏の描写②

教室に陽が射して
夢の気温が上がった

え？ と思わせる。ここで種明かし。

斜め前の君を見てると
胸が苦しくなってくる
好きなんて 言えやしない
後ろ姿に 気持ちをつぶやく

片思いであることがわかる！

ポニーテール（切なくなる）
夢の中
君のすべて（僕のすべて）一人占め
ポニーテール（切なくなる）
片思い
瞳《め》と瞳《め》合えば
今はただの友達

そういうことか!!

束ねた長い髪水玉のシュシュ
恋の尻尾は捕まえられない
触れたら消えてく幻
ポニーテール（ほどかないで）
変わらずに

同じ比喩。片思いの象徴がポニーテール

君は君で（僕は僕で）走るだけ
ポニーテール（ほどかないで）
いつまでも…

追いかけるだけ↓片思い！

JASRAC1905267-901

てっきりそうだと思い込まされていたけど、実は全然違った。

思いがけない裏切りは、ミステリーだけにとどまらず、ホラーでも、友情でも、感情を大きく動かされます。ごん、おまえだったのか。ブルータスよお前もか。お笑いであれば「じゃなかったんかーい！」というツッコミが入るやつです。

私、読み手としてはしょっちゅう気持ちよく裏切られます。でも書き手にまわった場合は、どんなふうに裏切ればいいのでしょうか？

構成がコンパクトにまとまっている、アイドルソングをヒントにしたいと思います。私の大好きなAKB48の国民的ヒットソングです。よかったらぜひ、実際に曲を流しながら読んでください。

一見、単なる甘酸っぱい世界観に見えますが、実は巧妙な仕掛けが隠されています。

まずは歌い出しの「カレンダーより早く　シャツの袖口まくって　太陽が近づく気配　僕の腕から衣替え」は、少し考えると〝カレンダーをめくること〟と〝シャツの袖をまくること〟を掛けてるのだとわかります。

そろそろ太陽の陽射しが降り注ぐ季節がやってくる。カレンダーよりも早く長袖をまくり、衣替え気分を味わいたい。

でもどうして主人公は、カレンダーよりも早く衣替えをしたいのか？　ちょっとこの謎を覚えておいてくださいね。

そして次は「青い海　波打ち際で　君と会いたい裸足の水しぶき」からはじまり「振り向いた君の笑顔　僕の夏が始まる」まで、ポニーテールの彼女と夏の砂浜ではしゃぐような描写が続きます。キャッキャ、ウフフって楽しそうだ。聞き流す。

しかし2番になると急に様子が変わります。

「教室に陽が射して　夢の気温が上がった」という首を傾げる一文。さらにこう続く。「斜め前の君を見てると　胸が苦しくなってくる　好きなんて　言えやしない　後ろ姿に　気持ちをつぶやく」……斜め前？　好きなんて言えやしない？　後ろ姿？　おい！　きみは彼女と砂浜で遊ぶ仲ではなかったのか？　つーか、斜め前ってどこ？

「ポニーテール（切なくなる）　夢の中　君のすべて（僕のすべて）一人占め　ポニーテール（切なくなる）　片思い　瞳《め》と瞳《め》合えば　今はただの友達」っておいおい、夢では君をひとりじめ〜って、さっきの砂浜キャッキャ遊びは「夢」だったんかーーい！　とツッコミを入れる。

そしてその瞬間、はっと気づかされる。

主人公は教室にいて、斜め前に座る〝君〟を見てたんだ、って。

妄想していたからこそ、現実の季節よりも早く、夏の気分を味わいたくて、袖まくりをしていたのかって。

それから、何度もくり返された〝ポニーテール〟という言葉は、彼女を特徴づける髪型であると同時に、いつまでもつかめない「恋の尻尾」だった。

今はただの友達で、片思いなんだけど、これからもずっと片思いをしていたい。触れたいけど触れられない。でも、触れられなくてもいい象徴。そのままでいてほしい象徴。それこそが主人公にとっての「ポニーテール」なんだと、歌の最後になってようやく判明します。

すごい仕掛けがなされてるんですね。

「リア充男子イメージ」からの、「実は純情無垢な男子だった」展開が、心をわしづかみにするのです。

このように〈てっきりそうだと思い込まされていたけど、実は全然違ったオチ〉の破壊力は抜群です。

歌詞のように特別な表現じゃなくても、この法則はどんな文章にも応用できます。

心優しい人を、冷たい人のイメージで描いておく。悪人を、善人のイメージで描いておく。優秀な人物を、変人のイメージで描いておく。美味しいお店を、全然期待できないイメージで描いておく。便利なサービスを、まったく使えないイメージで描いておく。

先に反対のイメージを植え付けておくと、読み手に与える感動が大きくなります。

思いがけない展開が、面白さを生む。

まとめてみた

1、予告としての、「現実」を書いておく。

ぼくは袋を握りしめている。袋の中にはきびだんごが入っている。

2、突然、妄想をスタートさせる。

猿、キジ、犬とは笑顔で別れた。鬼「おのれ桃太郎め、まんまと奪っていきよって」姫「いいえ桃太郎さんは、なにも奪ってませんわ」鬼「いや、やつはとんでもないものを奪っていきました。あなたの心です」

3、ふと現実にかえり、妄想とのギャップを語る。切なく……

囚われた姫のことを思うと胸が苦しくなる。袋の中のきびだんごは冷えてカチカチだ。鬼ヶ島になんてとても行けやしない。だって鬼、めちゃ怖いもん。

結末省略
モデル

バズる組み立て

江戸小噺の
小粋力

あえて、みなまで言わない。

そこまで言わなくてもわかるでしょ？　ってウインクされた。

あるけちな男、鰻屋のそばへ引っ越してまいりますと、毎日毎日、鰻を焼く匂いを嗅ぎまして、『クンクン、ああ、いい匂いだ。』、なんてんで、この匂いをおかずに、ごはんを食べておりますと、月末になりまして、鰻屋から勘定を取りにきまして。

男「ええ、勘定を取りにきたって、あたしは匂いを嗅いでいるだけだよ、なんだいこの勘定書は。」

なんてんで、勘定書を見てみますと、『ひとつ、鰻の匂い嗅ぎ代、六百文。』、とあります。

男「ええ、鰻の匂い嗅ぐだけで、金取るのかい、わかったわかった。」

ってぇと、この男、財布から金を出しますと、手の中で、ジャラジャラ音を立てまして。

男「さあ、この音を受け取ってくだされ。」

ケチなエピソード

ケチな男の上をいくケチ

？？説明なし

〜「うなぎのかぎ賃」より

たいていの人は、文章を書き終えたら、一度くらい読み直しますよね。

そのときにぜひ検討してみてください。「説明しすぎている一文」を、思い切って削除できないものかと。

ええ？　しっかり説明をしないと、誰かに伝わらないかもしれないでしょ？　文章を書く以上は、読む人全員にわかるように書きたい。その気持ち、よくわかります。そして説明書や契約書など、そういう心がけが絶対必要な文章もある。

でも読む人全員にわかる説明は、誰かにとっては「くどい」と感じさせているかもしれません。わかる人にはわかるし、わからない人にはわからない。それでもいいと思えることは、書かずに「余白を残す」ことで、粋な文章に化けます。

例文は短い落語、いわゆる「小噺」ですが、小噺を読んだり聞いたりするたびに、昔の日本には、こんな素敵な話の運び方をする人がいたんだ、と感動させられます。

江戸時代の小噺がなぜ粋だと言われるのか。その理由の一つは「あえて説明しすぎない」ことにあります。

状況を書いて、余白を残す。そして読み手に「……あ、そういうことか！」と自分でオチを見つけさせる。この「……」のところがとても大切なのです。

男は鰻の〝匂い〟をおかずにしてごはんを食べていた↓鰻屋が「匂い嗅ぎ代をくれ」とやってきた↓男は財布を出して、お金の〝音〟を立てた（オチ）

こんな話の展開で、オチの瞬間に面白さを理解する人は少ないと思います。

いやもちろん、数瞬（って言葉はあるのか？）おいて考えたら、ほとんどの人が理解するはずですが、少なくともこの小噺を聞いた私の脳内では（においにお金を払わせる？　えっ払うんだ。お金の音を鳴らした？　なにそれ？　……あー！　においに対して、音ってことね！　なるほど？）こんな感じの一人問答が繰り広げられていました。

一方で「手の中で、ジャラジャラ音を立てまして。」あたりでもう、この話の面白さを察知してしまうような賢い人もいるのかもしれません。

いずれにしても、この話のなにが心地いいかって言ったら、「音を受け取ってくだされ。」の後に、なーんにも言葉がないから、なんですよね。

文章は一方通行なものだから、書き手としては、書いた内容が、読み手にちゃんと伝わるのかどうか心配でしょう。だから「お金を支払うかわりに、お金の〝音〟で支払ったのです」や「〝匂い〟

に対して〝音〟で返された鰻屋は、ぐうの音も出ませんでした」などと補足したくなるものです。でもそこをあえてしない。

オチだけを放り投げて、そこから先は読み手の想像にまかせてしまう。

こんなふうに文章に余白を作り、「みなまで言わない」ことによって、「自分はわかってますよ」という読み手と知的なつながりが生まれやすくなります。オタクの人たちが、オタクにしかわからない話が大好きなのも、そういうことですよね。

かといって、あんまり「わかる人」を絞りすぎるのも問題。文芸オタクの私も、文芸の話を書くときには気をつけなければ。

余韻を残されると、勝手に想像がふくらむ。

まとめてみた

1、細かいことに対して、悩んだりこだわったりしない。飄々とした感じで書いてみる。
2、「どういうことなの?」ってわからない人と、「そういうことか!」とわかる人を想像する。
3、わからない人のための説明を思い切って省く。

同意先行モデル

バズる組み立て 高田明の視点力

「あるある」から話しはじめる。

なんでこんなに「ほしい！」と思わされてしまうんだろう？

つまるところ、文章を書く意味ってなんだろう。

言ってしまえば、文章なんて「言葉を並べかえているだけ」じゃないか。自分の頭に浮かんだことを、ただそのまま文字にしているだけじゃないか。

だとしたら文章の価値って、一体どこにあるんだ。ってそもそも文章って、一体なに!?……頭の中でそんな哲学がはじまると、まったく書けなくなります。

そんなときに〝効く〟のがこの文章。

あるあるネタ

②「普段の生活でこんなことはありませんか。①立った姿勢で靴下をはくのがきつくなった。買い物カゴを持つのが辛くなった。③布団の上げ下ろしがしんどい。だったら足腰を鍛えましょうよ。

街中を見てください。ウォーキングしている人が多いでしょう」

自然な提案

これは先ほどもお話ししたシニア向けのウォーキングシューズを紹介したときの導入です。紹介したのは機能性に優れたシューズです。ソールにも特殊技術が使われていました。でもそうした機能の説明は後回しです。シューズそのものの話ではなく、生活の中での役割や使い方の話をするだけで、シューズの価値は驚くほど変わります。反対に、メーカー名やシューズの機能を説明しても、関心を持ってはいただけません。あんまり面白くないからだと思います。

あるあるネタからはじまってるから、わかりやすい

～高田明『伝えることから始めよう』より

いやほんとそのとおり！　と、何度読んでも、思わず心の中で叫んでしまう。ものすごく計算されて作られた文章です。さすがジャパネットたかた……と震えます。

みなさんもご存知、ジャパネットたかた元社長の高田明さんは、家電でも衣類でも健康器具でもなんでも、視聴者に「ほしい！」と思わせる話術の持ち主。いままでほしいと思ったことのない商品の紹介でさえも、つい聞き入ってしまった人は少なくないでしょう。

が、すごいのはトークだけではありません。高田さんが「セールストークの原稿を作成する人」

だということは案外忘れられがち。

文章のゴールは「読者の心を動かすこと」ですけど、セールストークのゴールは「商品を買いたくなるように心を動かすこと」。さらに「買う」という行動をさせる必要があります。

あるシニア向けウォーキングシューズを売るとき。普通ならそのウォーキングシューズの良さを伝えたいですよね。たとえば、他のシューズと比較する。シューズを使うような場面について語る。新機能のすごさを目一杯話す、など。

でも高田さんは、そんなやり方をまっこうから否定するんですよ！

自分にとってのシューズの良さではなく、お客さんにとってのシューズの良さを話せ、と。

なぜシューズの機能やメーカーのすごさについて語っても意味がないのか。その理由を、高田さんは「（お客さんにとって）あんまり面白くないから」だと、ばっさり斬り捨てます。

これってすごい視点ですよね。

たぶん、シューズを作る人も売る人も、機能のすごさに面白さを感じていると思うんですよ。高田さんもそのシューズについて勉強してれば、面白さを感じるに違いない。

でも、大事なのは、お客さんにとってどうか？

お客さんにとっての関心は「シューズ」にはなく、「足腰がつらい」にこそあるんだから。そこを徹底的に伝えるべきだというわけです。

シニアにとってのシューズの価値＝「足腰を鍛えるモチベーションが生まれる」を伝える。

お見事っ。これ以上ないセールストーク。

文章も同じだと思います。「これから書く文章は、読み手のどういう感情に訴えかけたいんだろう？」っていう視点で書けるかどうか、が大事。

たとえばある物語の感想を書くにしても、自分が面白いと感じたことをずらずら書き連ねるよりも、「読み手にとっての、面白さはなにか？」を考えてから書きはじめたほうが、うまくいくはず。せっかく読んでくれるんだから、なんらかの「読んでよかった」と思える理由をさしだしたいですね。

自分のことを理解してくれると、相手のことも理解したくなる。

まとめてみた

1、なにを売り出すのか。

機能性に優れたシューズ。

2、どういう人が、どういうときに必要だと思うのか。

シニアが、普段の生活の中で、足腰「きつい」「しんどい」「つらい」と感じたとき。

3、そのために、どうしてそれがベストだと言えるのか。

シニアの多くがウォーキングをやっている。これはシニアの足腰にやさしい、ソールに特殊技術を使ったシューズだ。

倒叙ミステリーモデル

バズる組み立て

さくらももこの配慮力

オチを先に書いてしまう。

最初に種明かししちゃっていいの？

私が高校の頃、大滝詠一さんの『A LONG VACATION（ア・ロング・バケーション）』というレコードが大ヒットした。「♪うす〜く切ったオレンジ〜をアイ〜スティーにうか〜べて〜」という曲の入っているアレである。

最初に答え!!

姉が「すごくいい曲が入っているレコードがあるから買いたい」と言うので誰のレコードかと尋ねたが、わからないと言う。ではレコードか曲のタイトルは？と尋ねたがわからないと言う。

（中略）

笑いの予兆

姉は必死でその曲を思い出そうとし、「えーとねえ、たしか唄の最初の方の歌詞で、オレンジだかミカンだかレモンだかを輪切りにするっていう内容だった」と言った。ミカンの輪切りの唄なんて聞いたことがない。

（中略）

私は店員に「えーと、あの、ミカンをこう、うすく切って輪切りにして……っていうか、あの、そういう内容のレコードありますか」

店の人は困惑している。辺り一面よどんだ空気に包まれている。私は逃げ出したかったが後に引けない。

追い込まれた状況
店員は「ミカンを輪切り……」と首をひねり、もう一人の店員に尋ねたりしていた。その時、ちょうど店内に例の〝輪切り〟の曲が流れ始めた。姉は私を小突き、「コレコレこの曲っ」と小声で知らせたので私は店員に「あの、今かかってるこの曲です……」とうつむいて言った。視界の隅に店員の笑いをこらえた顔が見えていた。

〜さくらももこ『名前の分からない物の買い物』より

振り返ってみれば、我ながら「おいおい」とツッコみたくなるような出来事。やらかした話、意味不明な話、不運な話などを披露して、笑ってもらいたいときはどうするか。

文章で笑いを取るのって本当に難しい。だけど、さくらももこ先生はもうどうしたって笑えてしまうエッセイを連発していたんですよね。なにをどうしたらこんなに笑えるんだ。笑いのからくりを研究しようと、さくらももこの本を開くのですが、いざ読みはじめると気づけば一読者としてただ笑うだけで、結局なんだったんだ、なんにもわからなかった……のくり返し。

しかしやっぱり謎を解き明かしたいから、笑いをこらえて何度も読んだ結果、わかったことは、これ。

さくらももこの文章は、「古畑任三郎方式」なんだということ。

人気刑事ドラマの「古畑任三郎シリーズ」には、ある大きな特徴が一つありました。えー、ヒントは構成にあります。わかりますかね。

そう、それは**「冒頭で犯人が明かされること」**。

視聴者は、最初から犯人か誰かを知っている。その上で主人公である古畑任三郎が、犯人のアリバイ工作を看破するまでを見守るわけですね。なにが楽しいのかといえば、誰が犯人かを推理することではなく、**犯人が追い詰められていく過程を追うのが楽しい。**

これって、さくらももこの文章も同じ構成なんです。

姉が欲しがっている曲のレコードを買おうとしたが、歌詞の記憶が曖昧だった。記憶が曖昧なままレコード屋へ行ったため、「ミカンを輪切り、という言葉が出てくる曲」なるものを店員さんに探させるはめになった。なんだかすごくありそうな話なのに、読めば読むほど、じわじわと笑いがこみあげてくる。

なぜこんなにも、書き手のおかしみと、読み手のおかしみが、脳内で一致するのでしょうか。そう。お察しの通り、秘密は文章の冒頭にありました。

〉私が高校の頃、大滝詠一さんの『A LONG VACATION（ア・ロング・バケーション）』というレコードが大ヒットした。「♪うす〜く切ったオレンジ〜を　アイ〜スティーにうか〜べて〜」という曲の入っているアレである。

さくらももこはあらかじめ「〝うすく切ったオレンジ〟が正解だ」ということを読み手に示しています。本当の犯人は、最初から知らされているわけです。

そのうえで、求めている曲を「ミカンの輪切りの唄」のように漠然と覚えている姉のことを書きます。このとき読み手は正解を知っているから、「ミカンじゃなくてオレンジだし、輪切りって（笑）」と余裕のツッコミを入れられます。

その後はさくらももこの独壇場。主人公が「あの、ミカンをこう、うすく切って輪切りにして……」としどろもどろに説明する様子が面白いのは、読み手が常時「ミカンじゃなくてオレンジだし、輪切りって（笑）」とツッコミのギアを入れっぱなしだからですよね。警察は無実の人を犯人だと疑っているけれど、本当の犯人を読み手は知っている。（違うよ！　私は真実を知ってるよ！）と心の中で叫びながら読むわけです。

そしていよいよ謎解きをするクライマックスシーン、ではなく「ミカンの輪切り」の真相がわかる場面は突如としてやってくる。

読み手としては主人公が今後どうやって真相を知るのか、楽しみにしていたら、まさか突然の「店内に流れる」オチであっけない幕切れ。そして極めつけは最後の一文、「視界の隅に店員の笑いをこらえた顔が見えていた」です。これって実は、店員の姿として描かれながら、読み手の姿でもあるんですよね。書き手（犯人）やその姉（共犯者）だけでなく、店員（刑事）にリアクションをとらせることによって、読み手までも登場人物にしてしまいました。どうです？　天才的だと思いませんか。
古畑任三郎方式は、こんな使い方もできます。

〈ビフォア〉

先日、うちの母親から「げっきょくさん、手広くやってるわよねえ」と言われた。ピンとこなかった私が「なんのこと？」と聞き返すと、母親はそんなことも知らないのかといった表情で、「ほら、全国チェーンの駐車場」とため息まじりに言った。お母さん、それってもしかして月極駐車場のことかな？

〈アフター〉

うちの母親は思い込みが激しい人だ。50年間、月極駐車場がなにかを知らずに育った。
先日、母親が突然こんなことを言い出した。「げっきょくさん、手広くやってるわよねえ」
ピンとこなかった私が「なんのこと？」って聞き返すと、母親はそんなことも知らないのかといった表情で、「ほら、全国チェーンの駐車場」とため息まじりに言った。～つづく先に種明かしをしておけば、勘違いしている犯人（この場合は母親）をいくらでも泳がせることができるので、オチをコントロールできるんですね。

謎は解くのも、解き明かされるのも楽しい。

まとめてみた

1、事件が起こった原因を書く。
うちの母親は思い込みが激しい人だ。
2、なにが起きたのか、結論を書く。
50年間、月極駐車場がなにかを知らずに育った。
3、なにが起きたのか、顛末を書く。
先日、母親が突然こんなことを言い出した～

フォロー先行モデル

バズる組み立て

こんまりの豪語力

アンチに対するフォローを入れておく。

そんなの無理でしょ！　……え？　心配いらないの？

「片づけのプロ」こと近藤麻理恵（通称こんまり）さんは、アメリカにも進出して大ブレイクを果たし、いまや世界中を席巻しそうな勢いですが、個人的には当然だと思います。こんまりさんがすごいのは片づけのテクニック、生き方や思想だけじゃないからです。

『人生がときめく片づけの魔法』が話題になったとき、正直言って、学生の私が読む類の本じゃないなと思いました。でもそんな私が母から借りて読みはじめたが最後、ものの数分で「ときめくものだけ……人生に残す……！」と鼻息を荒くしていました。スパーク・ジョイです。

自信を持っていいますが、中途半端に片づけをしても、一生片づけられるようになりません。
もしあなたがマメで辛抱強くてコツコツできるタイプではないのなら、一度でいいから「完璧」

はっきりと言う

読者びっくり

に片づけてしまうことをおすすめします。
「完璧」と聞くと、「それは無理です」と身構えてしまう人も多いかもしれませんが、心配はいりません。なぜなら、片づけはしょせん物理的な作業だからです。

〜近藤麻理恵『人生がときめく片づけの魔法』より

この文章の力に触れたら、きっと誰もが説得されてしまう。

ぶっちゃけた話、そこまで片づけに熱心でない読み手は、この本を「いやいや片づけをしたくらいで人生がときめくかよ」と斜に構えて読みはじめるでしょう。ごめんなさい！　私がまさにそうでした。私はこの歴史的名著の力を、完全になめてかかっていたのです。

しかしそんな読み手たちを、こんまりスマイルで「片づけをするだけで、人生がときめくんですよ？　やらない手はないでしょう。ほらあなたもやってみましょうよ」とぐいぐい引っ張っていく、その腕力の強さはハンパではありません。

腰の重いこと山のごとしの私ですが、こんまり本を読んだ直後は「片づけとか超かんたんじゃね？」と渋谷のギャル並みのノリの良さで、ほいほい片づけを始めたかと思うと、散らかり放題だった私の部屋が、あっという間にきれいになっていました。

その理由は、こんまりさんの片づけ術が素晴らしいから、というのはもちろんそう。しかしそれだけじゃない。こんまり本の文章は、あるルールが徹底して守られているからです。

そのルールとは、「想定される反論の、フォローを先回りする」こと。

後で散らかりそうな場所を、先に見抜くことができる。そんな片づけのプロとしての能力の副産物でしょうか。こんまり本の文章はどこもかしこも、反論に対して異常なまでに用意周到なんです。「ここは読み手が違和感を持つだろう」というポイントを察知して、即座に「そんなふうに違和感を持つ必要はない。なぜならば」と潰してしまう。

〉自信を持っていいますが、中途半端に片づけをしても、一生片づけられるようになりません。もしあなたがマメで辛抱強くてコツコツできるタイプではないのなら、一度でいいから「完璧」に片づけてしまうことをおすすめします。

このくだりを読んだ人なら誰でも、「えっ、完璧に片づける……?」とひるむはず。

完璧だなんて、そんなの無理、もっとゆるくやりたい。「楽に片づける方法を教えてくれそうだから買った本なのに、かえって大変そうじゃないか」と本を放り出してしまうかもしれない。
でもこんまりさんは、読み手の心が離れそうな〝一瞬〟を見逃しません。

〉「完璧」と聞くと、「それは無理です」と身構えてしまう人も多いかもしれませんが、心配はいりません。なぜなら、片づけはしょせん物理的な作業だからです。

いかがでしょうかこのフォロー。百人中百人が取るであろうリアクションを、そっくりそのまま言葉にする。そして「心配はいりません」と安心させる。なぜなら、と理由も加える。こうされると読み手は続きが気になって仕方なくなり、こんまりさんの話に釘付けにならざるをえません。

自分の伝えたいことが斬新であればあるほど、読み手はなかなか同意してくれないものです。だからこそ、想定される「読み手の反発」を、読み手よりも早く言語化してしまう。そして、シンプルな言葉で、その反発を「片づけて」しまう。

そんな習慣を徹底してるからこそ、他の言語に訳されても、こんまりさんの文章は多くの人たちを感化し続けるのでしょう。

反論を認めて受け入れる姿勢に、大勢がついていく。

まとめてみた

1、思い切って言いたいことを100%断言してみる。

一度でいいから「完璧」に片づけてしまうことをおすすめします。

2、反論を想定する。

「それは無理です」と身構えてしまう人も多いかもしれませんが、

3、フォローする。

心配はいりません。なぜなら、片づけはしょせん物理的な作業だからです。

主張進化モデル

バズる組み立て

齋藤孝の更新力

言いたいことを、言い換える。

言葉がだんだん胸の奥深くまで届いてくる。

〝書く前に、この文章で言いたいことを、コンパクトにまとめておこう〟

これはわかりやすい文章を書くための心得として、メジャーな教えです。しかし言いたいことをコンパクトにまとめてみたら、やばい、本当に「コンパクト」に終わってしまった。言い足りない。どうしよう？　もっと話をふくらませることはできない？　もっと気の利いた表現はできない？　ああ〜！　なんにも思いつかないよ！　って頭をかきむしりたくなるようなときはないですか？　私はしょっちゅうあります。（もしかしたら文章に書くほどのネタじゃないのでは？）って疑うのもしんどいですよね。

でも私は、そんなときの解決策を日本語のカリスマ・齋藤孝先生の文章から学びました。

言いたいことは展開しなくても、〝言い換え〟てみればいいんだ。そうすれば、スルメのように読めば読むほど味わい深くなるんだ、と。

動詞は、その人の生きる姿勢に投影されやすい。

たとえば包容力のある人は、「包む」身体性を持っている。どんな形状のものもうまいこと「包み込んでしまう」風呂敷のような柔軟さを持っている。この意見だけが正しいとか、これでなければダメだ、という考え方をしない。自分とは見解が違っても人の話に耳を傾けて「聞く」ことができ、相手を「受け容れる」ことができる。行動や考え方に「包む」という動詞の持つ特徴が自然にあらわれて、その人のひとつのスタイルになっている。

「名は体をあらわす」という言葉があるが、私はむしろ「動詞は体をあらわす」と考えている。

自分のスイッチになる「動詞」をたくさん持っている人は、自分のからだをベースにして心地よく生きる術を知っている人だ。

生き方のスタイルは動詞で変わる。人生は動詞次第だ——。

キーワードを出す
説明
言い換え
説明
言い換え
ひねる
決め台詞!!

〜齋藤孝『人生は「動詞」で変わる』より

この文章の前に齋藤孝先生は、自分になにか嫌なことがあったときのストレス発散法を書いています。プールで泳いだり、浮かんだり、ジムでいつもよりも負荷を高くしたり、頭を思いっきり揉んだり。

齋藤孝先生の場合は「泳ぐ」「浮く」「踏ん張る」「揉む」が当てはまるけれども、人によってフィットする動詞は違うだろうから、自分なりの動詞を見つけよう、意識しよう、そうすることで自分のキャラクターを、社会にどう活かせばいいかがより鮮明になる、というようなことをおっしゃっています。ここまでは「はあ、なるほどな」と淡々とした気持ちで読み進みましたが、このあとの文章で、頑固な私は一瞬にして落とされました。

〉「名は体をあらわす」という言葉があるが、私はむしろ「動詞は体をあらわす」と考えている。

わかりますか。この文章のどこが私の心をわしづかみにしたのか。「名は体をあらわす」という慣用句を更新してつくった「動詞は体をあらわす」という新たな句が登場したところです。

な、納得しかない。

これはもちろん、冒頭の「動詞は、その人の生きる姿勢に投影されやすい。」という、書き手の主張を補足する言い換えにすぎません。しかし旧来の慣用句よりも〝むしろ〟こっち、と示されると、なんとなく新しいほうに同意したいような気持ちになる。

「納得感」はそのまま最後まで継続します。そしてこの言葉によって決定的になります。

〉生き方のスタイルは動詞で変わる。人生は動詞次第だ――。

テロップを残したまま、エンディングテーマ。このとき読み手の主張は、すでに齋藤孝先生の主張と重なりつつあるのではないでしょうか。もはや洗脳（？）と言ってもいいほどの、言葉の影響力の強さです。でもだからこそ面白い。

面白い文章ってなんだろう？

突き詰めてみれば、その文章が「新しい情報」「新しい価値観」「新しい展開」など、なにかしら〝自分が知らないこと〟を与えてくれることなんだと思います。

「それは知らなかった」「そういう考えもあるのか」「なるほど次はそうくるか」などと思わせることができたら、読んだ後に「面白かった」と感じてもらえるはず。

だけど、多くの人にとって〝新しい主張〟というのは、いまひとつ心に響きにくいことでもある。普通に表現しただけでは、なかなかすんなり理解してもらえません。

その点、多くの人の体に染み付いてる「慣用句」をアレンジして使うのは効果的。〝あの言葉〟を、違う方向から見てるんだなって、すぐにわかってもらえるからです。

角度を変えれば変えるほど、立体的になっていく。

まとめてみた

1、言い換え案①　別の表現をする
動詞は、その人の生きる姿勢に投影されやすい。↓「動詞（名）は体をあらわす」

2、言い換え案②　ひっくり返す
動詞は、その人の生きる姿勢に投影されやすい。↓生き方のスタイルは動詞で変わる。

3、言い換え案③　短く縮める
生き方のスタイルは動詞で変わる。↓人生は動詞次第だ——。

配役固定モデル

バズる組み立て

上野千鶴子の一貫力

言いたいことのセンターを決める。

わかりやすいから、読んでるこっちまで賢くなった気がする。

この文章で自分はなにを言いたかったのか。よくわからなくなることはありませんか。私はよくあります。そういうとき、私は「みんなにいい顔」をしようとしているんだな、と思ってます。

たとえばこんな、平凡な文章があったとします。

〝今日は結婚が決まった友だちと喫茶店で会いました。私はメニューを見ずにコーヒーを注文し、友だちはメニューを熟読してから、かき氷を注文しました。その店のおすすめはかき氷なんだとか。もっと早く教えてほしかったな。でもそのお店はコーヒーも豆やカップなどこだわっているふうでした。私たちは別れを惜しみつつ、楽しい時間を過ごすことができました。〟

なにがあったのかはわかる。でも、何が言いたいのかはわかりづらい文章です。

この文章のどこがいけないんでしょう。自分の文章力を上げる近道の一つは、他人の〝あかん文章〟を添削してみること。

少しいじわるな視点で考えてみてください。わかりましたか？

私は、話の筋があちこちに分かれていることが、わかりづらい文章にしてると思います。

上野千鶴子さんの文章を読んでみてください。少々複雑ですが、一本の太い筋が通っています。

> かまってもらいたい、いじってもらいたい、自分に関心を持ってもらいたい……、少しでもノイズの発生を巧妙に避けるクールな人間関係が進行するその裏側で、そんな他者からの関心への欲望が熱を帯びて充満していると感じたのはいつ頃だっただろうか。だが、ほんものの関心は自分を傷つけるかもしれない。それならカネで買える安全な関心を手に入れるほうがよい……だから、グルーミング産業への需要はこれからますます増えるだろうと二十年以上前に予測した。そのとおりになった。
>
> ～上野千鶴子『ひとりの午後に』より
>
> 向かう先
> 背景
> 言いたいことのセンターに向かう

上野千鶴子さんいわく、グルーミング産業とは、美容師やネイリスト、エステティシャン、マッサージ師など「相手をなで、さすり、いたわり、かまい、本当はどうでもよいささいなこだわりや苦楽を共にして一喜一憂してくれる」職業のことだとか。

この文章が伝えたいことは、「リアルな人間関係で傷つきたくない人が増えた」から、「擬似的にかまってくれるお店のニーズが増えた」ということでしょう。

短い文章ですが、昨今の日本人の心理分析をしたり、気持ちを代弁したりするなど、主体がころころ変わるのに、読み手としてはスムーズに「言いたいこと」を理解できます。難解な話なのに、なぜ筋が通るのか。

シンプルな言葉に分解し、一筋に並べてみるとよくわかります。

1、ノイズの発生を避けたがるクールな人間関係が進行している。
2、その裏側で、かまってもらいたい、いじってもらいたい、自分に関心を持ってもらいたいという欲望も充満している。
3、人間関係で傷つきたくはないが、誰かに関心は持ってもらいたい。
4、だから「カネで買える安全な関心を手に入れるほうがよい」という選択が増える。
5、そんなわけで、グルーミング産業の需要が増えるのは必然だろう。

こんなふうに、あらかじめ「一番言いたいポイント」を整理しておけば、思うがままに書いても、読み手はその文章を頭の中で再構成し、理解することができます。反対に「言いたいこと」を整理されていないまま気ままに書くと、なにが言いたいのかわかりにくい文章になるでしょう。

言いたいことが、たくさん思い浮かぶときもあります。でもまずは、シンプルに一筋の流れを作る。修飾は後からいくらでも付け足せます。

書いている途中に、自分の言いたいことがよくわからなくなったときは、要素をばらして考え直してみましょう。

先の例文にある「お店のおすすめであるかき氷を頼めず残念だった」「コーヒーはこだわっていて美味しかった」「友だちと楽しい時間を過ごすことができた」という要素は、すべて事実だったとしても、言いたい方向がバラバラですよね。整理して、伝えたい要素だけを残していくと、「自分が本当に言いたかったこと」が浮かび上がってくるかもしれません。

〝今日は結婚が決まった友だちと喫茶店で会いました。私はメニューを見ずにコーヒーを注文し、友だちはメニューを熟読してからかき氷を注文しました。その店のおすすめはかき氷なんだそうです。私は地元を離れてしまう友だちと、一刻も早くお喋りしたかったんだけど、友だちのほうはというと、私との最後の思い出がちゃんと記憶に残るよう、とにかく美味しいものを食べたかったのだとか。

私たちは別れを惜しみながら、とっても楽しい時間を過ごすことができました。〃

覚悟が決まれば、言葉は勝手に走り出す。

まとめてみた

1、言いたいことを全部、箇条書きにしてみる。
2、そこからグループ選抜する。
3、グループの中のセンターを決める。

譲歩逆説モデル

バズる組み立て

塩谷舞の先読力

今までの考えを、自分でくつがえす。

なるほどと感心したのに、もっといいことを教えてくれるの？

がんばって書けば書くほど、文章が長くなりやすい。でも長い文章ほど、読まれにくい。がんばって書いた文章だから、最後まで読み切ってもらいたいのに。

もちろん書いたその文章が、読み手にとって有益なものなのかどうかはわかりません。だけど、少なくとも「最後まで読みたくなる」文章になればいいなって、私はいつも思います。

「え、それで続きは？」って読み手に思わせたら勝ち。好きな相手だって、「もっと話していたいな」って思わせたら勝ち。

と、口で言うのは簡単ですが、どうすれば〝続きが気になる〟って思ってもらえるのやら。どんなふうに話を運べば、みんなは次の展開を期待してくれるのやら。あらためて考えてみると……やっぱり難しいですよね。

そこでお手本とさせていただくのは、塩谷舞さんというWEBメディア「milieu」の編集長として、ブログ・SNSをはじめとするインターネット情報発信の最先端を走る方の文章です。

発信する側が現代的なら、読み手も現代的。限られた時間の中、膨大な情報の中から、いかにして自分の文章を目に留めさせ、最後まで読み切らせることができるか。その手法の一つを、私は勝手に「真逆のギャップ大作戦！」と名付けました。うーん、命名が完全に2〜3世代前のセンスですが。

問い

「WEBメディアで記事を書いてそれを読んでもらうには、どうすればいいのでしょう？」

――発展途上で毎年トレンドが変わるWEBメディアの世界では、私のような若輩者にもそんな質問がビュンビュン飛んでくる。飛んでくるものだから、私が経験してきた「偶然のバズ」をどうにかこうにかロジックに当てはめては、何百回も答えてきました。たとえば、こんな感じ。

普通の答え

「インターネットは、誰でも自由に発表できる最高のツールです。でも発表しても、流通網がなければ、無人島でお祭りをやっているのと同じこと。だから交通網がある場所に看板を出しましょう。つまり、SNSを頑張りましょう」

「WEBの記事は、雑誌のように、パッケージ買いされて頭から読まれるわけじゃありません。

だから、誰がどこから読んでも大丈夫なように、常に一見さんにもわかりやすい記事を書きましょう」

「誰にも響かない記事を100記事出すよりも、とにかく1つでもいいから、インパクトのある渾身の記事を書いてバズったほうが、しっかりと記憶に残ります。更新ノルマに追われて数ばかり出すのはやめましょう」

……私はこれまで、散々そんなことを書いてきたし、喋ってきました。

それは間違いじゃないとは思っています。これまでの私にとって、または立ち上げたばかりのWEBメディアにとっては、絶対に必要なことだとは思います。

否定!＝

でも、今日は真逆のことを書きます。これまでの発言を否定するつもりじゃないのですが、その先のことをずっと考えていたんですね。

続き気になる!

～塩谷舞『これから描きたいのは、「バズ」よりも「調和」』noteより

実は、ここから先の記事は「有料」になっています。

多くの人に読まれている記事ですから、「有料になる手前」のこの文章には、〝続きがどうして

も気になる文章術〟が隠されているはず。

一つひとつ要素を分解して、流れを見ていきましょう。


〈WEBメディアで記事を書いてそれを読んでもらうには、どうすればいいのでしょう?〉


まずこんな質問からはじまります。書き出しもわかりやすくて素敵。これこそまさに、シンプルに「この記事を読む誰もが、一番知りたいこと」ですよね。

さらに続けて塩谷舞さんは、

「SNSに力を入れよう」「一見さんにとっても、ちゃんとわかりやすい記事を書こう」「記事の量よりも、記事の質を上げよう」

と、ご自身が今まで周囲に伝えてきた方法を、惜しみなく挙げていきます。

いや、正直、これだけでも記事として十分読み応えがあるでしょう。知らなかった人にとっては、ほんの数行の文章で、数カ月、数年分の遅れを取り戻せたかもしれません。

ところが、塩谷舞さんは突然、こう言い放ちます。

〈でも、今日は真逆のことを書きます。〉

もちろん、読み手はびっくり。（ええ？　なにそれ！　どういうこと？）と心の中で叫ぶことになります。

ここまでの流れを一つひとつ整理していきましょう。

書き手「こういうときは、どうすればいいんでしょう？」問題提起をする
読み手（それ、知りたい！）
↓
書き手「正解はこうだと思うけど、みんなも知ってるよね？」今までの自分の常識を伝える
読み手「(なんとなく）知ってる！」
↓
書き手「でも、それだけじゃ足りないみたい！」自分の常識に、自分で反論する
読み手「……ええ？　なにそれ！」
↓

つづく

自分の少し先を歩いていた人物が、「この先の場所で、新しい発見をしました」と言うわけですから、「その先に一体なにがあるのか?」気にならない人はいません。

だって、自分より〝ちょっとだけ先〟を歩いている人なんだもん。答えを見つけているというなら、その正体を先に教えてもらいたいですよね。

塩谷舞さんは記事のテーマ選びも抜群ですが、それだけではなくこんな〝続きがどうしても気になる文章術〟を仕込んでいるのです。

ちなみWEBに、塩谷舞さんのような人気の情報発信者は、たいてい読み手の知識をリスペクトしています。記事を読まれるための知識が、「キャッチーなタイトルをつける」とか「読者のメリットを考える」止まりだとは考えていないのです。

塩谷舞さんが伝えているような情報は、まだ一般の人には行き渡っていないかもしれない。それでも「みなさんにとっては、そんなのとっくに常識ですよね」という姿勢を取ることで、読み手は(この人についていきたい)という気持ちになるのかも。

一歩先の話をするときは、先に半歩下がってみると良い。

まとめてみた

1、疑問提起する。
WEB記事を読んでもらうには、どうすればいいのか?
2、自分にとっては「少し古い答え」を書く。
「SNSをがんばる」「一見さんにもわかりやすい記事」「量よりも質」
3、「少し古い答え」も否定しない。〝でも〜〟〝しかし〜〟と続ける。
それは間違いじゃないとは思っている。立ち上げたばかりのWEBメディアなら。でも、今日は真逆のことを書こう。

感情
一般化
モデル

バズる組み立て

有川浩の
共感力

「百人中百人の同意見」を挟む。

あーわかる！ うちもそうだった、なつかしい！

具体的エピソード

我が家はたいへん健康で健啖な食べ盛りの子供を三人有しており、母は決して裕福とはいえない家計からおやつを捻出することに日々頭を悩ませていた。

そんな母がある日繰り出したのがバナナを使ったお手軽おやつだ。皮を剝いたバナナを冷凍庫で凍らせる。一晩経てばバナナのアイスキャンデーの出来上がりという寸法だ。

これが美味かったのである。子供たちは大ウケだわバナナは安いわで気をよくした母は三日と空けずバナナのアイスキャンデーをおやつに供した。——かくて二ヶ月。

バナナの顔はもう一生見たくないという私が出来上がって今に至る。

何で「お母さん」という生き物は、こういうときやり過ぎるのか。うっかりお母さんの料理を誉めて同じ目に遭った人は多いはずだ。

一般 ←

「一般的な感情」を挿入！

〜有川浩『倒れるときは前のめり』より

個人的な話で恐縮ですが、私はこの文章をよく覚えています。なぜなら新聞に掲載されたこのエッセイを、父が丁寧に切り抜いて、冷蔵庫に貼っていたからです。

父はこのエッセイを読むたびに「バナナってほんと、こういうことあるよなあ、作家さんって面白いこと書くもんだよなあ」と私に聞こえるようにつぶやき、有川浩先生のファンである私は、なにを今さらそんな当たり前のことを……と無視を決め込んでいました。

でも「そんな当たり前のこと」ができる、作家さんの文章はやっぱりすごい。生まれも育ちも年代も違う父に、共感させてしまうのですから。

家族や友だちとお喋りしていて、「ああ〜、あるある！　そういうことある！」と共感してもらった経験は誰にでもあると思います。だけど、**自分の書いた文章で〝まったく知らない読み手に共感してもらう〟**のは、そう簡単にはいきません。

中でも「個人的な思い出」という題材は、難易度が高いです。共感してもらうというよりも、その裏には（あなたとは違ってるでしょ、うちは変わってるでしょ）という気持ちが隠れているからです。単純に読み手に「面白い」とは思ってもらえるかもしれませんが、「共感」というところまではなかなか届きません。

でも、プロは違う。

〈母は出したバナナのアイスキャンデーをうっかり褒めたばかりに、気をよくした母はバナナのアイスキャンディーを二ヶ月出し続けた〉

要約してしまえばただこれだけの文章が、どうして生まれも育ちも年代も超えて、こんなにも激しく共感できるのでしょうか。

ポイントはここにあると思います。エピソードを紹介した後、ぽんと挿入されたこのぼやき。

〈何で「お母さん」という生き物は、こういうときやり過ぎるのか。〉

もしもこのくだりが、「母がバナナのアイスキャンデーを出しまくった」というエピソードだけにとどめていたら、おそらく読み手は「有川先生のお母さんって面白い人だな」と客観的に楽しんで終わったことでしょう。もちろん、それでもまったく問題はありません。

しかしその直後に〝「お母さん」という生き物〟という一般名詞が登場することによって、「個人的な思い出」が、突然「みんなの思い出」に化けました。

この文章がすごいのは、「なんでうちのおかあさんってば……」と誰もが苦笑したような、「みんなの感情」を引き出していることなんです。

もしかすると、世の中には「母親から何度も同じメニューを食べさせられた」という経験を持たない人もいるかもしれません。でも「お母さんは、気をよくするとやりすぎる」という主張に共感する人は多いでしょう。それは健康、ダイエット、英会話、バーゲンセール……などあらゆる場面を想起させるからです。

このように「個人的なエピソード」→「みんなの感情」というコンビネーションは、小説なんかでもよく使われる手法ですが、「個人的なエピソード」は描写が正確なほど面白さが伝わりやすく、「みんなの感情」は表現がおおざっぱであればあるほど、効果が高いと思います。

〈「何で「お母さん」という生き物は、家族が気に入った料理を何度も出すのか。〉ではなく、〈何で「お母さん」という生き物は、こういうときやり過ぎるのか。〉だからこそより共感しやすい、というわけです。

雑談は、共通の話題があってこそ。

まとめてみた

1、お母さんの話は、心をつかむ鉄板ネタだ。

母は決して裕福とはいえない家計からおやつを捻出することに日々頭を悩ませていた。

2、お母さんには、共通の「生活の知恵」がいっぱいある。

皮を剥いたバナナを冷凍庫で凍らせる。一晩経てばバナナのアイスキャンデーの出来上がり。

3、お母さんには、共通の「トホホ話」がいっぱいある。

うっかりお母さんの料理を誉めて同じ目に遭った人は多いはずだ。

長調短調モデル

バズる組み立て
藤崎彩織の旋律力

心の流れをスイッチする。

なぜだかわからないけど、ものすごく感情移入したくなる。

「流れるような文章」という表現。たまに耳にしますよね。

つるつる、さらさらした文章。つっかかることなく読める文章。

でも実際、どういうふうに書けば「文章は流れるのか？」……って聞かれたとしても、うまく答えられません。たとえば句読点をほとんど打たずに、だーーーって最後まで書き切ったところで、それが「流れが良い」と言えるのか。きっと言えない。

一方で「音楽が流れている」って言葉は、感覚的に理解できる。音楽は基本的に「流れる」ものの。なぜそのように聞こえるかと言えば、同じテンポで流れているから。

そのまま流れていれば心地いいし、途中でテンポが変わったり、急に止まったりすれば「えっ」って違和感が生まれる。

じゃあ、文章でいうテンポってなんだろう。

はいっ！　話が抽象的になりそうなので、実際に「流れるような文章」をお見せします。

プラスマイナスを表にすると

実際のところ、私は産後二ヶ月で仕事に復帰していた。

二ヶ月というのは、平均的な育休期間に比べるとかなり短い。

所属するバンドの事務所やメンバーからは、体調をみながら大丈夫になったところで復帰すれば良いと言われていたけれど、私の体調はとても順調で、二ヶ月が経つ頃にはほとんど妊娠前と変わらない状態になっていた。

全く運動をしなかった妊娠期間のせいで、やや体力が落ちたとは感じていたが、体重が少し増えたことで妊娠前よりよく眠れるようになったという利点もあり、私は概ね元気だった。

これなら頑張れそうだ。

そう思えた時に、仕事をすることを応援してくれたのは、夫や母などの家族たちだ。

「貴方にしか出来ない素晴らしい仕事だから、頑張りたかったら頑張ったらいいよ。幾らでもサポートするからね」

そう言って背中を押して貰って、私は久しぶりに家の扉を一人で開けてリハーサルスタジオへと向かった。一ヶ月後には全国ツアーを控えていたので、その練習をする為だ。
すると、久しぶりに会ったスタッフから第一声に

かなり⊖

「子供は大丈夫なの？」
と聞かれたのだった。
大丈夫とは、どういう意味だろう。

突然マイナスの結果
ショック

〜藤崎彩織（SEKAI NO OWARI）『読書間奏文』より

人気バンドSEKAI NO OWARIの作曲・ピアノ担当の藤崎彩織さんは、アーティストということもあってか、「文章の流れ」がよく練られています。

冒頭の「実際のところ、」から「一ヶ月後には全国ツアーを控えていたので、その練習をする為だ。」まで読んでみてどうですか。

ここまで「文章が流れている」のがわかりますか。

なぜでしょう。句読点が少なめだからでしょうか。言葉が韻を踏んだりしているからでしょうか。

接続詞の使い方が正しいからでしょうか。

きっと違いますよね。前半の要素をいくつかピックアップしてみましょう。

要素A〉平均的な育休期間に比べるとかなり短いけど、私は産後二ヶ月で仕事に復帰できた。

要素B〉周囲からは復帰は体調が戻ってからでいいと言われていたけど、私の体調はとても順調だった。

要素C〉やや体力が落ちたとは感じていたが、妊娠前よりよく眠れるようになった。

要素D〉（心配して止められるかと思ったが、）夫や母などの家族たちも仕事をすることを応援してくれた。

わかりますか。実はここまでの文章は、ぜーんぶ同じ趣旨のことが書かれてたのです。

つまりすべて

〈心配していたけど、うまくいった。〉

ということ。

ポジティブな出来事、ポジティブな出来事、ポジティブな出来事という止まらない流れによって、産後の復帰に対する不安が杞憂だったという様子が、畳みかけるように伝わってきます。うまくいってる、よかった、とホッとする書き手の笑顔が見えるようです。

でも、このあと突然、こんな一文が差し込まれます。

〉すると、久しぶりに会ったスタッフから第一声に
「子供は大丈夫なの?」
と聞かれたのだった。

この一文によって、流れがぶった切られました。

ここから書き手の心の動きは一変。この後の文章で書き手は「大丈夫なの?」の意味を考えはじめ、今度はマイナスの方向へとどんどん流れていきます。

こんなふうに、ある方向の流れを一定の長さ持たせた上で、一文でその流れをぶった切り、そこから反対の方向の流れを作る。

これは〝感情の動き〟を目立たせるのにとても有効な方法です。

藤崎彩織さんの文章が目立たせたかった〝感情の動き〟とはもちろん、

〉「子供は大丈夫なの?」

というひと言から受けたショックでしょう。

良い流れ→「子供は大丈夫なの？」→悪い流れ。

音楽でいうところの「長調・短調」が切り替わるタイミングが、読み手にとっては一番強く印象に残ります。


もちろん逆の流れを作ることも可能です。

①不安なことだらけだった（ネガティブ）
←
②あるひと言に救われた（感情の動き）
←
③不安ごとはすべて杞憂に終わった（ポジティブ）

①にいろんな側面の「不安」を並べることで、②のインパクトが強くなります。そして③によって、②の感情が増幅されていきます。

楽観と悲観には、流れがある。

まとめてみた

1、メリハリをつけると、感情の動きについていきやすい。

産後の職場復帰が不安だった。（マイナス）↓でも大丈夫そうだった。（プラス）
大丈夫そうだった。（プラス）↓でも「子供は大丈夫なの？」と聞かれて不安になった。（マイナス）

2、最終的な結末は、できるだけ（プラス）で終わらせたい。

3、だから（プラス）な結末を用意してから書きはじめたい。

擬人化
代弁
モデル

バズる組み立て

武田砂鉄の
錬金力

向こうサイドに感情移入する。

こんなものにも愛着が湧くなんて。

同じ物事を見ているはずなのに、思いもよらない角度から攻めてくる。そんな世界が存在したんだ、というまったく予想外な視点。

だいぶ前、「トリビアの泉」という番組を観ていて、原稿に行き詰まった夏目漱石が原稿用紙に鼻毛を貼り付けていたことを知った。その原稿をなんと内田百閒が保存していたという。鼻毛を抜き、貼る誰か。それを保存する誰か。登場人物の行動の全てに理解が及ばない。調べてるとその顛末は内田の『私の「漱石」と「龍之介」』に書かれているようだが、あいにく手元に無い。百閒は「これ、いい?」と尋ねたのだろうか。漱石は「うん、いいよ」と答えたのだろうか。人様に鼻毛を贈与する、とはいかなる心地なのだろう。

ギャップ

ギャップ

鼻毛への感情移入

鼻毛は、抜くまでその長さや太さが分からない。こんなに長いとは思いませんでした、という鼻毛と対面しながら、なぜそこまで育ったのか、と鼻毛をしばし見つめる。生やしっぱなしの彼は、君たちはそれぞれの鼻毛を背負わせすぎなんだ、という。

鼻毛の視点へ

「鼻毛は体の内部に埃が入らないようにガードする役目を持っているでしょ。でも、みんな伸びてきた鼻毛をすぐにカットしたり抜いたりしてしまう。残された鼻毛にしてみれば、体の向きを変えてでも守らなければいけないって思うわけだよね」

鼻毛に「体の向き」という形容を用いることに動揺したものの、言いたいことは分かる。絶対数が足りなければ、残された者たちの役割は増える。レッドカードでディフェンダーが退場すれば、中盤の選手がディフェンスを兼任する。

違う視点

〜武田砂鉄『鼻毛に背負わせすぎ』より

鼻毛ですよ鼻毛。なんでもいいからなにか書けと言われて、なにについ書こうか、まったく思いつかなかったとしても、わざわざ〝鼻毛〟をテーマにしようと思う人はいないでしょう。

この文章は、〝鼻毛〟に焦点を当てた時点で偉いのか。テーマ選びに迷ったときは、鼻毛や耳垢やガムの食べかすのように、どうってことのない、誰も見向きもしないような物事を取り上げれば、文章というものは面白くなるのか。

いや、決してそんなことはない。鼻毛を選んだから面白いわけじゃありません。鼻毛というものを分不相応に取り扱ったから面白いのです。

もう、鼻毛鼻毛なんて連発して大丈夫か私、と思わなくもないですが、あえてこういう手法を〝鼻毛格差〟と名付けて、連呼することにしましょう。

さてまず、この文章において鼻毛はどんなふうに扱われているでしょうか。

かの文豪の夏目漱石先生は、原稿に行き詰まると鼻毛を原稿用紙に貼り付けていた。その鼻毛を、愛弟子の内田百閒先生が、わざわざ「保存していた」というのです。「鼻毛」と「保存」という組み合わせのアンバランスさ。しかも、その鼻毛を「これ、いい?」と断り、「うん、いいよ」と許諾する図を想像。そして鼻毛を「人様に贈与する」という表現をする。

なんだろう。鼻毛の価値がやたらと高い。

その価値はそのまま現実にも受け継がれ、抜いた鼻毛に対して書き手は「こんなに長いとは思いませんでした」と敬語で話しかける。

そこへ〝生やしっぱなしの彼〟という、書き手の友人が登場します。

〉生やしっぱなしの彼は、君たちはそれぞれの鼻毛を背負わせすぎなんだ、という。

「背負わせすぎ」という大胆なまでの擬人化。

私たちが鼻毛を日常的にカットしたり抜いたりしてるせいで、鼻毛たちはつねに〝人手不足〟なんだという。

ホコリが入らないよう私たちのためにがんばっている、鼻毛たちの気持ちにもなってみろと。鼻毛たちは「体の向き」を変えてでも守ろうとしてくれてるんだぞと。

ここで、**想像上の鼻毛は、**サッカー選手に変化している。もはや自分たちのゴールを死守しようと、体を張ってくれる頼もしい存在だ。記念品から贈与品、そしてミッドフィルダーへ。

私たちにとってどうでもいい、それどころか笑いものになる存在も、**こんなふうにありえないほどの価値を与えることで、まるで違うものに見えてくる**から不思議。

私たちは、知らず知らずのうちに、鼻毛をこき使いすぎていたんだなとうっかり反省しそうになる。なんていう斬新な視点でしょう。

ふだん見過ごしている物事を擬人化し、向こうサイドの事情を代弁する。

物を見るたびに「これは、世界をどんなふうに見てるのか？」を想像してみると、そんな能力が身についていきます。

自然のものすべてに命が宿っている、という考え。

まとめてみた

1、「どうでもいいと思われているもの」を一つ取り上げる。

原稿に行き詰まった夏目漱石が原稿用紙に鼻毛を貼り付けていたことを知った。

2、「どうでもいいと思われているもの」に、不相応な価値を与えてみる。

人様に鼻毛を贈与する、とはいかなる心地なのだろう。

3、「どうでもいいと思われているもの」に、人格を与えてみる。

鼻毛に背負わせすぎ。

重ね合わせモデル

バズる組み立て

山極寿一の置換力

特殊な経験を、一般的な経験とだぶらせる。

経験談というのもは、読み手がたいてい経験してそうなこと（旅行をする・バイトをするなど）か、読み手がなかなか経験できなそうなこと（北朝鮮に旅行する・人体実験バイトをするなど）かの、2パターンに分かれます。

前者の場合は、読み手と共通点があるからまあいいとして、後者の場合は？　見たことも聞いたこともない事物について、読み手はどうしたら……共感してくれるのでしょう。

①昔、アフリカの山の上でゴリラのハミングを聞いたことがある。ゴリラの群れを観察していたとき、山の上のほうでヨーロッパの民謡のような歌が聞こえてきたので、てっきり観光客が間違えてやってきたのだと思ってあわてた。私が見ていたのは研究者にしかなれていないゴリラたち

インパクト！

で、見知らぬ人がやってきたら驚いてパニックになるかもしれないと思ったからだ。

観光客を止めようとして、急いで山道を駆け上がった私の目には人間ではなく、一頭の若いオスゴリラの姿が飛び込んできた。いくら探しても人間はいない。おかしいなと思ったそのとき、彼がびっくりするほど伸びやかな声でハミングを発したのである。

②それから何度か私はゴリラのハミングを聞いた。いずれもゴリラがひとりでいるときか、食べ物を分け合ったりして仲間と満足感を共有しているようなときだった。わたしはそれを聞いて思わず自分も鼻歌を歌ってみたい気分になった。ゴリラの楽しい気持ちが歌に乗って伝わってきて、なんだかうきうきした気分になったのである。

動物の音声は、仲間や敵に伝えるためのメッセージとして発せられる場合が多い。ひとりで楽しむようなハミングはまれである。これはゴリラの気質をよく表していると思う。ゴリラは楽しいときもくやしいときも、その気持ちを誰に向けるでもなく、まず自分に向かって表現するのだ。興奮や好奇心を抱いたとき、胸をたたいてドラミングするのも、ひとり芝居である。ハミングも自分ひとりで気分を楽しむ行為なのだと思う。

(同じだ!)と読者に気づかせる

③私たち人間も、楽しいときに思わずハミングを口ずさんでしまう。それはゴリラと似ている。仲間とその気持ちを共有するより、まず自分で確かめ、それをじっくり味わいたいのではないだ

ろうか。でも、それはすぐに仲間に伝染する。そして、みんなが楽しい気持ちを分かち合えるのが人間の特徴だ。

人間は歌によって心や身体がつながり合っているのを感じる。私たちの社会のきずなは、ゴリラのハミングを活用することによって作られたのかもしれない。


～山極寿一「ハミングで楽しい気分満喫」より

〉昔、アフリカの山の上でゴリラのハミングを聞いたことがある。

うむ。初っ端だけですべてを勝ち取ってしまったような文章。

こんな経験、普通なかなかないでしょう。「ドラミング」ならまだしも、「ハミング」を聞いたなんて。京都大学の総長が、アフリカの山の上で。

私だったら、もうこの書き出しだけで、満足してしまいそうです。あとは放っておいても、どうにでも話は転んでくれそうだから、続きを書くのがもったいないくらい。それくらいパワフルで、強いインパクトのある書き出しだと思います。

しかし山極寿一先生はそれで飽き足りず、ゴリラに興味がない読み手までも、ゴリラの世界に巻き込もうとします（ちなみに、山極先生は、『ゴリラは語る』『ゴリラからの警告「人間社会、ここがおかしい」』『ゴリラの森、言葉の海』など、ゴリラの関連書をたくさん出されています）。

この文章を大まかに解体してみると、

①ゴリラのハミングを聞いた。
②ゴリラにとっての〝ハミング〟とはどんなものか？
③私たちにとっての〝ハミング〟とはどんなものか？

この3ステップで構成されている。

このうち段落①は「普通の人はなかなか経験できないこと」です。京都大学の総長が、実際にゴリラのハミングを聞いた。しかも、それはすごくのびやかな声で楽しそうだった。そんな経験談だけでも面白いでしょう。

だけど山極寿一先生の文章は、それだけで読み手を放っておかない。

さらに段落②「それは一体どういうものか？」を加えます。

動物の声というものは、仲間や敵に伝えるためのメッセージとして発せられる場合が多いけど、ゴリラの場合は違う。ハミングもドラミングも「誰かに」ではなく「自分に」向かって表現しているという。

〉ゴリラは楽しいときもくやしいときも、その気持ちを誰に向けるでもなく、まず自分に向かって表現するのだ。

そう言い切っています。

さらに段落③「私たちにとってはどういうものか?」を追加。（そんなふうにハミングするのって、私たちとまったく一緒じゃないか?）という問いかけによって、ゴリラという異国の森の中に棲む猛獣、テレビや図鑑でしか見ないような、動物園でしか会わないような遠い存在が、私たち人間に急接近してきます。

ゴリラって人間に近いところがあるのかもしれない。

読み手がそう感じたときはすでに、段落①はただの「ゴリラのハミングを聞いた」という体験談にとどまらず、「ゴリラと人間が近しい動物であることを示すための一つの具体例」に変化しています。

こんなふうに自分の特異な経験も、ただそのまま語るのではなく、〝一般的な人の経験〟と重なる部分を紹介することによって、関心を深めてもらいやすくなる。

たとえば、「①旅先でこんな変わった食材を食べました」と書いても、〈へえ、そんな食材があるんだな〉という感想だけで片づけられてしまいそうだけど、さらに「②現地の人にとってはどんな食材なのか？」「③私たちにとってはどんな食材なのか」という2ステップを踏むことによって、もっとわかりやすくなる。

「その食材は現地の一般家庭で、毎日のように使われるものです。油で揚げたり、豚肉と一緒に煮込んだり、細かく刻んでお米と一緒に炊いたりするそうです。ちょうど私たちが口にする豆腐のような存在だと言えます」

こうするとイメージしやすくなるだけではなく、〈どこもみんな、私たちと一緒だな〉という親しみと興味を抱きやすくなりませんか。

私たちは心のどこかで、万物との共通点を探している。

まとめてみた

1、ユニークな人（動物）の、ユニークな行動を書く。

ゴリラのハミングを聞いた。

2、それは、当事者にとってはどういう意味のある行動か。

ゴリラのハミングとは、仲間や敵に向けたメッセージではなく、ひとりで楽しむもの。

3、それは、私たちにとってはどんな行動に近いか。

私たち人間も、楽しいときに思わずハミングしてしまう。

永世中立モデル

バズる組み立て

岸政彦の中立力

綺麗事と現実を、交互に出す。

そんなに深く考えているのに「わからない」なんて知的。

常識やルールって、「単なる思い込み」の一種なんじゃないだろうか。

あれはこうだ、これはああだと結論を急ぐことなく、中立な立場になって、もっといろんな可能性を探し続けるべきなんじゃないだろうか。

社会学者・岸政彦先生の文章を読むと、そんなふうに反省させられます。

私たちはみんな同じように暮らしているように見えて、性別、年齢、職業、出身、学歴、文化……それぞれ異なる見方で物事をとらえているんですよね。

反対

先日も飲み会の席で卒業生の女性が、彼氏の収入が低すぎて結婚できないと言って泣き出した。

私はそのときに、素朴に、別に結婚なんかしなくていいんじゃないかと思ったけれども、それでも純粋にそういうものに憧れて、そういう幸せを得たいと思っているこの目の前の女性に対して、そういうことは言えなかった。それは彼女にとっては、とてもとても大切なものなのだ。

反対意見

私も、不妊治療をしていて辛いときに、子どもだけが人生じゃないよとか、そういうきれいごとを言われることがもっとも不愉快だった。

たとえば、女性は若くきれいにかわいくしているべきである、という、ありきたりな規範がある。それは私たちを縛り付ける鎖であり、たくさんの人びとを排除する暴力である。しかし、たとえば女性が身ぎれいにすること自体、暴力に等しいものとして否定することは、なかなか難しい。

※結論を出さない!

反対意見

～岸政彦『断片的なものの社会学』より

この文章には、はっきりとした結論がありません。

この文章の中でおこなわれているのは、Aという自分の考えに対して、Bという自分の考えで否定することだけ。

どういうことか、見ていきましょう。

まず、飲み会の席で生まれた「結婚って必要なものか?」という疑問。

書き手は「別に結婚式なんかしなくていいんじゃないかと思った」けれど、彼女は「純粋にそういうものに憧れて、そういう幸せを得たいと思っている」という反対側の視点からテーマを眺めます。そこに結論は挟まれていません。

次に、「別に結婚式なんかしなくていいんじゃないか」という自分の感情に対し、「自分自身の不妊治療」というエピソードを使って、また反対側の視点から考える。

他人の「子どもだけが人生じゃないよ」という考え方と、自分の「別に結婚式なんかしなくていいんじゃないかと思った」という考え方に一体どんな違いがあるのか。ここでも勝ち負けを決めようとせず、「そういうきれいごとを言われることがもっとも不愉快だった」という書き手の個人的な感情を述べるにとどめているんですね。

さらに、別の視点から「女性は若くきれいにかわいくしているべき」というありきたりな規範に触れている。それは鎖であり暴力であると断定していますが、その一方で、「女性が身ぎれいにすること」自体、暴力に等しいものとして否定することは、なかなか難しい、とみずから反論します。

結局のところ、白黒はっきりしません。でも、その白黒はっきりつけることの難しさこそが、さまざまな問題を扱う上で大切なことだと思うんです。

こういう視点がある。

ただ、こういう視点もある。

ただ、こういう視点もあった。

なかなか結論を出さずに、揺らぎ続ける。

そして自分の意見が、何度も別の視点に戻されるたび、「限られた視点から、物事の善悪を決めつけない」ことの必要性に気づかせてくれます。

書き手の切実さが伝わってきて、「私も一緒に考えてみよう」という気持ちにもなる。

結論を出さずに、ぐっとこらえて、揺らぎ続ける。

そんなふうに負荷をかけ続けることによって、心の筋肉がきたえられ、文章に深みが増していくんです。


さまざまな角度から見れば見るほど、なんでも肯定できるようになる。

まとめてみた

1、他人のケースで、綺麗事と現実を戦わせる。

結婚できないと言って泣き出した(現実)女性がいる。別に結婚なんてしなくてもいいじゃないか(綺麗事)と思った。

2、自分のケースで、綺麗事と現実を戦わせる。

不妊治療をしている自分(現実)に、「子どもだけが人生じゃない(綺麗事)」と言ってきた人がいて不愉快だった。

3、一般的な話で、綺麗事と現実を戦わせる。

女性は若くきれいにかわいくしているべきというのは束縛であり、暴力(綺麗事)。でも身ぎれいにしたいと願う女性は少なくない(現実)。

元さや モデル

バズる組み立て

日本人の悲哀力

理想から現実に引き戻す。

やっぱり厳しいよね……。そういうもんだよね……。

文章を定期的に書くようになる。そして不特定多数の人に見せるようになる。すると一度は考えることがある。それは「誰にでも好かれる、万能なテーマってなんだろう?」ということ。

友情（大切な仲間に感謝）、家族愛（子どもが好き、妻が好き）。どっちも悪くはないけど、狙って書けば、書き手の「これならウケるだろう」という魂胆が透けて見えそうだ。感動（ほっこりする話）は？　うーん、安易に泣かせようとする文章に、辟易する人も多い。

自虐（私ってこんなにダメ）なら人を選ばない？　いや「そんなことない」って、周囲から否定してほしい感じが見えたら面倒。私が最強だと思うのは「悲哀（せつないなあ）」です。

悲哀

できれば運動したくない…

スポーツジム　車で行って　チャリをこぐ

（あたまで健康追求男）～サラリーマン川柳　第31回より

辞めたいけど辞められない…

「宝くじ　当たれば辞める」が　合言葉

（事務員A）～サラリーマン川柳　第25回より

いつもダイエットは決意ばっかり…

やせてやる!!　コレ食べてから　やせてやる!!

（栗饅頭之命）～サラリーマン川柳　第8回より

このサラリーマン川柳は、〝サラリーマンあるある〟を5・7・5形式で自由にまとめたものですが、受賞する作品のほとんどが「悲哀」をテーマにしています。あらあら、せつないね……って苦笑させる感じが、万人の心をつかんでいるからです。

なさけない、せつない、かなしい、はらだたしい、もどかしい。

いろんな感情がいりまじりながらも、行き着く先には「どこも似たようなものだ」という安心感があり、「うちも捨てたもんじゃない」という希望があります。

夫「体重を減らすためにジョギングでも始めよっかな〜」
妻「何言ってるのよ、あなた。増えるからダメよ」
夫「えっ?どうして?」
妻「洗濯物が増えるの!」
〝ファイトー! イッパーツ!〟

悲哀
インパクト

~リポビタンDラジオCMより

おなじみ『リポビタンD』のCMは、テレビ版では「リポDを飲めば俺たちは最高だ!」という無敵感にあふれていて、まあ、飲んだ後はこんなに元気になれる! としっかり印象づけるための戦略なんだろうと察します。

一方、ラジオ版で伝えているのは、テレビとは対照的な「とほほ」な感じです。

あきらかにダメな感じ。全然思ったようにいかない、腹立たしさと切なさと滑稽さがあふれています。

体型が気になっていたり、医者から注意されたりして、日頃から（運動しなきゃなあ）と思っている〝だけ〟であろう平凡な夫が、ついに前向きな気持ちで「体重を減らすためにジョギングでも始めよっかな～」と具体的な行動に移そうとする。

テレビ版だったら、ここで即座に「ファイトー！　イッパーツ！」という威勢のいい掛け声によって、強引にしめくくられるかもしれない。

だけどこの話は、「ファイト」しません。

「がんばって」の一声でもかけてきそうな妻に、「洗濯物が増えるからやめろ」と止められる。こうして、夫のせっかくのやる気はあっさり奪われてしまう。でも言い返せない。言い返そうものなら、「じゃあ、あなたが洗濯担当する？」とやり返されるのは、目に見えているから。

なさけない、せつない、かなしい、はらだたしい、もどかしい。でもこれが現実。いりまじる感情、そこへ響く「ファイトー！　イッパーツ！」の力強い声……。

私たちはこのとき、しょぼんと背中を丸めた夫の姿を想像し、クスッと笑ってしまいます。悲しいけど、ちょっとおかしい。これが現実だと思い出すんです。

真剣にうまくやろうとしたけど、やむをえない事情があって、失敗した。できなかった。ひどい目にあった。しかもけっこうかっこ悪い。
そんなことは人生でたくさん起きるし、起きるたびに、落ち込むことでしょう。
でもあとあと振り返ってみれば、そんな経験こそが、読み手に微笑んでもらえるネタなのかもしれません。

文章でこそ、ダメな自分を見せられる。

まとめてみた

1、理想をかかげる。
ジョギングを始める。スポーツジムに通う。会社を辞めて独立する。

2、現実を知る。
妻に反対される。通うのが面倒くさい。まとまったお金がないと決断できない。

3、変わらない日常。
また今度、いつか機会があったときにしよう。

段階的説明モデル

バズる組み立て

瀧本哲史の要約力

徐々に連想させる。

うすうすそうじゃないかと思ってたけど、やっぱり一致した！

ときどき（こんな説明で、うまく伝わるかな……）という不安に駆られることはありませんか。説明って難しいな。そう思いはじめると、もっと補足したくなってくる。説明についての説明に、さらに説明をつけたくなってくる。

するとどうなるか？　結局なにが言いたいのか、余計に伝わりにくくなるんですよね！　文字はいっぱい詰め込まれているけど、全然頭に入ってこね～な～ってなる。

みんなにわかりやすい説明をしようと思うと、どうしても説明が長くなる。でも本当は、みんなに理解してもらえる文章って、シンプルなはずなんですよね。シンプルな話ほど伝わりやすい。

いやしかし、誤解を招いてしまうこともあるから、説明の要素をシンプルに絞りたくても、なかなかできないときってあるよな……。

と、そんなふうに感じている人は私だけじゃないと思うのですが、複雑な話でも、できるだけ「いまの説明、わかりやすい！」と感じてもらえる型はあるはず。

それは、説明の内容に「段階をつけること」です。

プロフェッショナルファームでは、「パートナー」と呼ばれる経営者が集まって出資・経営していて、そこに専門職の従業員である「アソシエイト」が雇われている。

コンサルティング会社でも弁護士事務所でも、提供するサービスについては、ある程度適性あるアソシエイトを訓練すれば、一定水準のサービスを作れるようになる。

“パートナー”とはどんな仕事か？

〈だから、パートナーの重要な仕事は、顧客の獲得や維持のほうにある。パートナーに昇格するための条件が、自身のコアクライアントを持つことだというところも少なくない。簡単に言えば「太い客」を持ってくることが、出世の決め手になるということだ。〉

どんな“パートナー”が求められているか？

〈パートナーは特殊な仕事ゆえ、誰にでも務まる仕事ではない。単に仕事の能力だけではなく、顧客との相性など人的な要素にも大きく影響されるからだ。ある程度キャリアを積まなければ、

“パートナー”はどうやって選抜するか？

誰に適性があるのかも分かりにくい。

そこで、アソシエイトを多めに採用して、その一部をパートナーに昇格させるモデルがとられるのである。

素質のありそうな人間をとりあえず大量採用し、才能が開花して顧客を獲得できた人間だけがパートナーになれるというわけだ。

この仕組みは、「誰が人気が出るか分からない」からとりあえずメンバーを大量に加入させ、後はファンの好みで上位メンバーを選んでもらうというＡＫＢ48のシステムとよく似ている。

十分な説明の後、連想！

～瀧本哲史『戦略がすべて』より

プロフェッショナルファームとは、一般的な会社（事業会社）と比較して、弁護士事務所、会計事務所、税理士法人、コンサルティング会社など、専門性が高く、個人のスキルが重要視される会社のこと。ですが、なかなかどういう集団なのか、なじみのない人も多いはず。説明がわかりにくいわけではないのですが、多くの人にとっては「なじみがない」ので、内容は頭では理解できても、なかなか自分のものになりません。

でも瀧本先生はそれを「ＡＫＢ48のシステムとよく似ている」というくだりで、一気にストンと落とします。

かたや専門職であり、かたや人気商売です。でも「プロフェッショナルファームを、アイドルグループと一緒にするんじゃない！」とは誰も思いません。瀧本先生は「よく似た仕事だ」と言っているわけではなく、「よく似た仕組みだ」と言っているからです。

その仕組みとは〝「誰が人気が出るか分からない」からとりあえずメンバーを大量に加入させ、後はファンの好みで上位メンバーを選んでもらう〟ことだとわかる。

なぜすんなりわかるのかといえば、瀧本先生は読み手がついてこられるように、その仕組みについて段階を踏んで、丁寧に伝えているからです。

・パートナーは特殊な仕事ゆえ、誰にでも務まる仕事ではない。
・ある程度キャリアを積まなければ、誰に適性があるのかも分かりにくい。
・そこで、アソシエイトを多めに採用して、その一部をパートナーに昇格させるモデルがとられる。
・素質のありそうな人間をとりあえず大量採用し、才能が開花して顧客を獲得できた人間だけがパートナーになれる。

プロフェッショナルファームの特徴を、これだけわかりやすく抽象化（他のものにも当てはまるように）しているのです。

だから「ＡＫＢ48のシステムとよく似ている」を読んだ瞬間、〈たしかにＡＫＢ48は大量に応募者（アソシエイト）を採用して、才能が開花した子だけが出世（パートナー）してる〉と一瞬で腑に落ちるのです。

思いつきでＡＫＢ48という単語を出しただけではなく、プロフェッショナルファームからＡＫＢ48を連想させるように、順を追って説明しているとも考えられます。ですから「ＡＫＢ48のシステムとよく似ている」を読む前から、（それってまるでＡＫＢ48のシステムみたいじゃん！）と感じた察しのいい読み手もいるかもしれません。

いずれにしても、瀧本哲史先生の思うツボですね。上手！

こんなふうに、よく似た物事を、段階を踏んで徐々に連想させることができれば、くどくど説明をしなくても、読み手にちゃんとわかってもらえそうです。

答えを言う前から、段階的に同じものを見せる。

まとめてみた

1、説明する対象は、なにに似ているのか。

プロフェッショナルファームは、つまりAKB48みたいだ。

2、どの点が似ているのか。

選抜メンバーは誰にでも務まるわけでもない。でもやらせてみないと、誰が適正なのかもわからない。

3、似ている点を並べる。

プロフェッショナルファーム↓素質のありそうな人間をとりあえず大量採用し、才能が開花して顧客を獲得できた人間だけがパートナーになれる。

AKB48↓「誰が人気が出るか分からない」からとりあえずメンバーを大量に加入させ、後はファンの好みで上位メンバーを選んでもらう。

CHAPTER

4

バズる言葉選び

BUZZ RU KOTOBAERABI

片仮名
強調
モデル

バズる言葉選び

俵万智の
合図力

カタカナで注目させる。

気づかなかったけど、目に飛び込んでいたのか……。

「嫁さんになれよ」だなんてカンチューハイ二本で言ってしまっていいの

間の抜けた一語

浮かび上がる↓このカタカナに意味がある！

～俵万智『サラダ記念日』より

文章とは、音で〝よむ〟ものであると同時に、目で〝みる〟ものでもある。とか言ってしまうと難しそうに聞こえるんですが、でもほんと視覚的に「読みやすい」のって大切なんですよね。

たとえば１９８０年代に一世を風靡した『サラダ記念日』に収録された、歌人の俵万智さんによる有名な短歌です。当時生まれていなかった私でも「よめさんになれよだなんて……」と思わず口ずさみたくなるような、素敵な短歌。

短歌といえば、なんでしょう。そうです。5・7・5・7・7の定型リズムに当てはめる詩。だからこそ、声に出したときの「音」が重要な要素であるように見えます。

でも俵万智さんの短歌のすごいとこって、そこだけではなくて、「視覚的」な読みやすさだと私は思うんです。

ずばり。俵万智さんは、**カタカナの使い方**が素晴らしい。

……って例を挙げたほうがわかりやすいですね。ためしに俵万智さんの短歌を、ちょっといじってみます。

〈「嫁さんになれよ」だなんて缶チューハイ二本で言ってしまっていいの〉

インパクトが弱くなったの、わかりますか？

この短歌は「お酒をちょっと飲んだだけで言って」を「カンチューハイ二本（だけ）で言って」と言い換えてるところに面白みがあるんですよね。

それが、〝カンチューハイ〟とカタカナで書いてあるから、読者の視線がぱっと〈カンチューハイ〉の一語へまっしぐらに向かう。

「カンチューハイ？　ってどういうこと？」と興味をひかれたのちに「ああ、お酒を飲んだノリで嫁さんになれよって言ったわけね」と理解する。その0コンマ数秒の謎解きが生み出すカタルシスこそが、この短歌の面白さ。

つまり、あえてカタカナで表記することで、〝カンチューハイ〟がこの短歌の中の「目を向けてほしいポイント」であることを読者に目配せしてる。そこに謎掛けがある。

でも「缶チューハイ」だったら？　読み手の視線はまず「チューハイ」にしか向かわない。その0コンマ数秒の後「ああ、チューハイじゃなくて、缶チューハイで一語なのか」と気づいて、「あー、そうかお酒飲んで言ったってことね」と理解できたとしても、カタルシスの度合いは少なめ。だってわかりにくかったから。ポイントをつかみにくいということは、面白さを感じづらいっていうこと。

〈「嫁さんになれよ」だなんて日本酒の二本で言ってしまっていいの〉

これもあかんわけですね。日本酒を飲んだことよりもむしろ、カギカッコのついた「嫁さんになれよ」のほうが目立ってしまいます（まあもし、彼が一升瓶を二本飲んだのだとしたら、別の意味でインパクトありますけど）。

普通は漢字を使うところをあえてひらがなを使ったり、句読点を使うことでも一定の注目を集められますが、中でも「カタカナ」の注目度は高く、文章の中で目立ちます（だから、逆にカタカナだらけの文章は、どれもこれも目立つので読みにくい）。

そういうわけで、強調したい言葉や、読者に目を向けてほしい言葉を、一度カタカナに変換してみるのはおすすめ。もちろん、タイトルや、見出し、キャッチコピーなんかでも有効です。

『この味がいいね』と君が言ったから七月六日はサラダ記念日（『サラダ記念日』）
改悪←
『この味がいいね』と君が言ったから七月六日はごはん記念日

思いきり愛されたくて駆けてゆく六月、サンダル、あじさいの花（『サラダ記念日』）
改悪←

思いきり愛されたくて駆けてゆく六月、麦わら、あじさいの花

焼き肉とグラタンが好きという少女よ私はあなたのお父さんが好き(俵万智『チョコレート革命』)

改悪←

焼き肉と唐揚げが好きという少女よ私はあなたのお父さんが好き

ね。カタカナ語を入れたほうが、なんとなく心に響いてくる感じがしませんか？

もちろん、短歌じゃなくても使えます。

たとえば「白飯にあう美味しいおかずの作り方」よりも、「白飯にあう美味しいおかずレシピ」のほうが、内容が頭にすっと入ってきませんか。カタカナは視覚的に目立つので、いち早く理解させたい言葉に使うと効果的です。

気づいてもらうためには、気づいてもらう努力が必要。

まとめてみた

1、訴えかけたいことはなにか。

缶酎ハイ2本で、酔っ払った勢いで、プロポーズされたんだよ！

2、どこがツッコミどころなのか。

ワインとかシャンパンのボトルならまだしも、〝缶酎ハイ2本〟だよ！　ロマンティックのかけらもないだろ！

3、ツッコミどころに、どうしたら気づいてもらえるか。

カンチューハイ2本で言ってしまっていいの。

共通言語投入モデル

バズる言葉選び
松井玲奈の国民力

万人に通用する例を出す。

（わたしも）（ぼくも）（じぶんも）わかる！　イメージできる！


仕事の終わり。新入社員数名。上司との飲みの席。

「きみはトップバッター的な役割でよろしく」「いまは大振りせずに、バットを短くもっていこう」「後ろは万全だから、思い切って投げてくれ」なんていう話が出たとします。

野球が好きな人にはわかりやすいたとえかもしれない。でもこれって、野球をまったく知らない私のような人間には、かえってわかりづらいものになっています。トップバッターとは一体何をがんばるのか。万全な後ろとは一体どんな後ろなのか？　ただただ困惑するばかり。

たとえ話というものは、読み手（聞き手）によりわかりやすく伝えるための表現だから、話しているほうは良かれと思っても、聞いているほうがちんぷんかんぷんじゃ、する意味がない。（なんだよ個人的な愚痴かよ）（そもそも私はそんなマニアックなたとえ話なんかしないし）とそっぽを向いた方。ちょっと、まあ、聞いてください。

趣味にかたよった話に限らず、無自覚に「読み手を選ぶ表現」をしてしまう人って、けっこういるんです。

たとえば「地下鉄」。そう書いたら、地下鉄がある県かない県かによって、受け取り方が違うでしょう。

他にもたとえば「イヤイヤ期」と書いたらどうでしょう？　子育て経験がある人、ない人で伝わり方が変わる。

見た目が奇抜な人をつかまえて、「京大生の変人自慢か！」と言ったとしたら？　笑えるのは京大生だけかも。

自分にとっての常識は、他人にとっての常識だとは限らない。文章を書くときはその点によく気をつけていないと、知らず知らずのうちに壁を作ってしまうもの。

ところがそういった〝壁〟をまっっっっったく感じさせないのが、元アイドル・現女優・現作家の松井玲奈さんのブログです。

アイドル、つまり「老若男女誰からも愛されることをめざすプロ」を長く続けていたこともあってか、松井さんの文章は、ほんと〜に、誰が読んでも「自分に向けて、書いてくれている！」と安心できる、気遣いにあふれているのです。

> こんにちは。
> わ、なのか、は、なのか悩むこと、ありませんか？
> そういう時思い出すのが、吉本新喜劇。
> 『こんにちはー』ってわの発音じゃなく、はの発音で入ってくる人の事を思い出して、そうそう、はだったって安心します。
> そんな私は愛知出身。
> 愛知県も土曜のお昼は新喜劇の文化があったんですよ。
> 今もきっと、あるはず？
>
> みんながわかる例☆　大人も子どもも
>
> 
>
>
> ～松井玲奈「松井玲奈オフィシャルブログ」より

いやはや、ブログの書き出しとして、これ以上完璧なものを私は見たことがない。

まず〈「こんにちわ」なのか「こんにちは」なのか悩む〉という書き出し。ただでさえ一〇〇人中一〇〇人の日本人が一度は経験したことがあるだろう「あるあるネタ」です。

そんな鉄板の「あるあるネタ」を、松井玲奈さんはさらに「吉本新喜劇」という超強力なキーワードを使って、門戸を大きく開きます。

「吉本新喜劇」と言われて、首を傾げる日本人は少ないはず。老いも若きも知っている、共通話題のお手本のような存在です。

こんにちは（わ）を判定する例として思い出しているのが、この「吉本新喜劇」だった、と言うとき。読み手の全員が「舞台で『こんちにはー』っ名物ギャグを言う芸人さん」の想像はできる。実際に見たことがなくても、（こんちはーっていう名物ギャグがあるのね）と自然に読むことができる。誰ものけ者にしないのです。

ここまで、年代・性別・地域を問わず、みんなが「この人の文章は、自分に向けられてる」と感じられるわけですね。

そしてみんなが親近感を持ったところで、続けるのは「私は愛知出身」という個人的な話です。一般的な例を出しつつ、さらに個人的な話で親近感を倍増させる。

読み手がどんな人であるかは関係ない。こんなに短い文章で、万人に「同じ親近感」を抱かせてしまう。うーん、つくづくブログのお手本。どんな人が読みにくるか予測のつかないブログの世界では、こういう心配りが大切ですよね。

マニアックな思いは、ミーハーな言葉で届けたい。

まとめてみた

1、万人に向けるイメージをして書く。

私は人気アイドルで、1万人の観客が見守るステージに立っている。

2、万人に通用するネタを探す。

吉本新喜劇（オリンピック、紅白歌合戦、不思議の国のアリス、三ツ矢サイダー）など。

3、万人に通用する言葉と、個人的な話をつなぐ。

（出身地の）愛知県も土曜のお昼は新喜劇の文化があったんですよ。

意味拡大モデル

バズる言葉選び

J・K・ローリングの超訳力

「引用言葉」を拡大解釈する。

“自分のための哲学”として胸に迫ってくる！

私が18歳のとき、何だかわからない何かを求めて古典文学に足を踏み入れ、最終的に学んだことの一つは、古代ギリシャの歴史家プルタコスによって書かれた「自分の内側で達成したことは、外側の現実を変えるだろう」ということです。

名言

これは驚くべきメッセージで、なおかつ私の人生において毎日何千回と証明されています。

自分なりの解釈

これは一つには、外の世界との避けることの出来ないつながり、つまり人間はただ存在するだけで他人の人生に触れてしまうこと、を意味しています。

しかし、ハーバード大卒業生の皆さんは、他人の人生にさらにどれくらい触れていくつもりでしょうか？

皆さんの知性、勤勉さ、受けた教育は皆さんに特別の地位と特別の責任を与えます。皆さんの国籍でさえも特別です。皆さんの大半は、世界に唯一残る超大国の国籍を持っています。皆さんの投票の仕方、生き方、抗議の仕方、政府にかける圧力は、国境さえも越える影響力があります。これは皆さんの特権でもあり、責任でもあります。


～ハーバード大学卒業式におけるJ・K・ローリングのスピーチより

かっこいい〝偉人の名言〟を引用したい。

でも、ただそのまま引用するのは、ちょっと恥ずかしい。いかにも名言！　どうや！　って得意になっている感じが出たらいやだ。

でも「ハリー・ポッター」の作者J・K・ローリングさんのスピーチは、〝偉人の名言〟が出てくるけど、恥ずかしくもないし、どうや！　って感じもない。

むしろ〝偉人の名言〟が使われることによって、知的でありながら、書き手が親身になって考えてくれているよう身近に感じられるのです（ちなみにこのスピーチ、すごく素敵な内容なのでぜひググって全文読んでほしいなあ）。

まず最初から、古代ギリシャの歴史家プルタコスによって書かれた「自分の内側で達成したことは、外側の現実を変えるだろう」という名言が引用されます。

この名言だけを読んでも、さっぱりなんのことかわかりません。しかしそんな読み手（聞き手）の心を見透かすように、ローリングさんはすぐさまその言葉の意味を補足します。

〈これは一つには、外の世界との避けることの出来ないつながり、つまり人間はただ存在するだけで他人の人生に触れてしまうこと、を意味しています。〉

人間はどんなふうに生きようとしたって、必ず他人の人生にかかわる。だから自分の内面が変われば、周囲にも影響をおよぼすことになる。それは、私の人生で証明されているよと。

すごいのはここからです。ローリングさんはこの名言を拡大解釈し、聴衆であるハーバード大学の学生たちに当てはめていきます。

ハーバード大学の卒業生と言えば、押しも押されもせぬ世界トップレベルのエリート。そんな彼らは、すぐ隣にいる他人の人生だけでなく、無数の他人の人生を変えられる力がある。だからこそ、彼らの内面をいい方向に変えることができれば、それだけ多くの他人の人生をいい方向に変えることができる、という。

ローリングさんはプルタルコスの名言をそのままの意味として使わず、ハーバード大の卒業生に向けて〝超訳〟していくんですね。

自分の内側で達成したことは、外側の現実を変えるだろう。
↓
自分が変われば、他人も変わる。周囲も変わる。
↓
影響力の強いハーバード大の卒業生が変わると、周囲はものすごく変わる。世界だって変わる。
↓

自分をどう変えていくか。

古代人プルタルコスの言葉が、突然「自分たちのために向けられたメッセージ」としてハーバード大の卒業生たちの胸にぐっと迫ってきます。

こんなふうに、〝偉人の名言〟を一般的な教訓としてストレートに訳すのではなく、読み手の境遇に当てはまるように〝超訳〟する。そうすることによって、自分が伝えたいことを、偉人の影響力でもって、伝えることができるのです。たとえばこんなふうに。

『新入社員のみなさんへ。

〝人にしてもらいたいと思うことを、人にもしなさい。〟（コリントの信徒への手紙　13章より）

相手にしてほしいことを、自分からすすんでするのはとても大切なこと（教訓）です。

でも、相手に多くを「してもらいたい」と思わずに、自分もサボるときはしっかりサボる。そんな考え方も必要なんじゃないでしょうか。』

ね、拡大解釈でしょう。名言は必ずしも従うために、引用しなくてもいいんです。

古くなったものは、自分で磨いてみると良さがわかる。

まとめてみた

1、「いい言葉」を引っ張り出す。

『天才とは1％のひらめきと99％の汗だ』トーマス・エジソン

2、引っ張り出した「いい言葉」を、自分なりに噛み砕く。

才能がなくたって、努力次第で誰でもすごい人になれる。

3、噛み砕いた「いい言葉」を、読み手に向けてアレンジする。

努力をしない、天才はいない。ただ多くの天才は、努力を努力だと考えていない。

時間を忘れるくらい、大好きなことを見つけよう。

虚構現実往復モデル

バズる言葉選び
阿川佐和子の声掛け力

突然、読み手に話しかける。

私のほうも見てる！　ってそんなわけないいか。

距離の近い文章、ってありますよね。

なぜか文章越しにニコニコ笑う顔が見えるような。なんとなく視線がぱちっと合ったような、なんか親近感を覚える、いい感じだな〜もっと読みたいな〜って、読み手の私までニヤニヤしてしまう。でも不思議。文章の親近感って、一体なんなんでしょう？

テーマの身近さ。選ぶ言葉のわかりやすさ。うん、それもある。でも私は、それ以上に効果的な振る舞いがあると知りました。

阿川佐和子さんという「親近感の権化」とも言える大人気エッセイストは、なんと文章を書きながら、ときどき、唐突に、読み手のほうを向いて声を発するんです。

（いやいや、文章なんていうものは、いつでも読み手のほうを向いてるじゃないか）と突っ込まれそうですが、違うんです。少しニュアンスが。

かつて私は小説のなかで、「男がウリウリ歩いていたら」というような表現をしたところ、担当の編集者氏から、「このウリウリってなんですか？　瓜売りのことですか」と問われ、「へ？　使わない？」と訊き返すと、「聞いたことないです」と呆れられた。ウリウリがなんだと問われると、ウリウリ歩く感じなんですけど、周囲で使っている人はあまり見かけない。「目がまくまくする」と言って驚かれたこともある。使いませんか？　目ってときどきまくまくするでしょう。チカチカでもなくてヘロヘロでもないけれど、どうも疲れた感じのときに。同意を得られずがっかりしていたら、先日、母が呟いた。

「あー、目がまくまくしてきた！」

ほらね。でもこれ、阿川家限定のオノマトペかもしれない。

急にこっちを向く！

〜**阿川佐和子**「たったオノマトペ」より

文章の中で阿川佐和子さんは「ウリウリ」について語っています。

どちらかというと書き手がひとりで喋っているような文章ですね。読み手は書き手のひとりごとを聞いている。だけど次の箇所で、いきなり空気が変わります。書き手はぐるんと首をまわして、読み手のほうに向き直るのです。

〈「目がまくまくする」と言って驚かれたこともある。使いませんか？　目ってときどきまくまくするでしょう。〉

突然「使いませんか？」と声をかけてくる。もちろんこの問いかけは誰に向いているのかというと、読み手です。

さらに「まくまくするでしょう」と同意を求めてくる。この相手もまた読み手なので、私はドキッとさせられる。

だって、今まで阿川佐和子さんは観客に向かってひとりで喋っていて、その様子を、私はただ舞台袖で見守っているだけだったんですよ。

それなのに突然「ねえ聞いてる？」って、ぼんやり話を聞いていたのを見透かされたかのように、同意を求められるわけです。えっ、私ですか？　ここで読み手はなかば強制的に、話の場に引っ張り出されます。

そしてまた「ひとりごとモード」に戻った……と思っていたら、最後の部分。

〈ほらね。でもこれ、阿川家限定のオノマトペかもしれない。〉

なんて、また私に向かって念押しするかのように「ほらね」と言い、私の目をしっかり見たまま話を終えます。

これって、すごい効果があるんですよ。

なぜなら読み手って基本的に、ガラスの向こうで書き手がパフォーマンスする様子を、ただ超然と眺めているような、安全圏にいるわけですから。

それがいきなり「ほらね」なんて急にこっちを向かれると、（私も書き手と同じ世界の人間だったの？）とあわてふためき（よろこび）、なんとなく他人事とは思えなくなってしまうわけです。

というわけで、こんな私のオタクな記事を……。

＞私は志村貴子作品のファンだ。しかし志村貴子といえば有名なのは、百合と呼ばれる女の子同士の恋愛を描く作品。実は、私が好きなのは最新作の『こいいじ』で、この作品には基本的には女の子同士の恋愛は出てこない。でもたまに志村貴子を好きと言うと勘違いされることがあって、罪悪感を覚える時もある。でもよく考えれば『こいいじ』は女の子同士の関係性が深く描かれているので、やっぱりジャンル的には百合なのかもしれないと最近思う。

←趣味が似ている人に対して、親近感を盛ってみました。

＞私は志村貴子作品のファンだ。しかし志村貴子といえば有名なのは、百合と呼ばれる女の子同士の恋愛を描く作品。え、読んだことある？　なら話が早い。実は、私が好きなのは最新作の『こいいじ』で、この作品には基本的には女の子同士の恋愛は出てこない。でもたまに志村貴子を好きと言うと勘違いされることがあって、罪悪感を覚える時もある。わかるでしょう、そういう感じ。でもよく考えれば『こいいじ』は女の子同士の関係性が深く描かれているので、やっぱりジャンル的には百合なのかもしれないと最近思うんだけど。どうかな？

たまに読み手と想像上のやり取りする。これはプロの作家さんもよく使う効果的な技法なので、ぜひ試してみて。

遠くから見ていたいけど、無視されたいわけじゃない。

まとめてみた

1、ひとりごとモードで書く。

私は志村貴子作品のファンだ。しかし志村貴子といえば〜

2、読み手のリアクションを、勝手に想像して書く。

え、読んだことある？　なら話が早い。

3、突然、問いかける。

わかるでしょう、そういう感じ。

過剰造語モデル

バズる言葉選び

宮藤官九郎の激化力

盛りまくる。

言葉の意味はよくわからないけど、とにかくすごい勢いだ。

国民的ブームともなった連続テレビ小説『あまちゃん』。あなたは観てましたか？

私は大好きすぎて、いまだに録画を消せません。

『あまちゃん』の魅力は語り尽くせませんが、そのうちの一つは「じぇじぇじぇ」「ずぶん」など、脚本家の宮藤官九郎さんによる「言葉選び」のセンスにあったと思います。

特に、私はのんさん（当時は能年玲奈さん）演じる主人公アキちゃんの台詞の虜でした。アキちゃん最高すぎた。ただここでは『あまちゃん』の物語としてではなく、言葉としての魅力について語らせてください。

鈴鹿：期待する気持ちはわかるけど、お母さん、ちょっとアレね。一昔前の、芸能界の常識に囚われてるんじゃないかしら？　今はそんなにガツガツすると、かえって引いちゃうもの。

アキ：欲求不満なんです！　あっ、すいません。本題さ入ります。

鈴鹿：じゃあ、今までの話は？

まくしたてる

アキ：どうでもいいです。GMT辞めで、「ようやぐ、恋愛できるべ！」つうことで、勢いついで、種市先輩さ告白したんです。そしたら、「つきあうべ」って。つまり両思いだったんです！　ところが、予備校のCMが決まってしまって。1年間、彼氏つくっちゃ駄目な契約だったんです。1年なんて無理です！　もう走り出した恋の汽車は止まりゃしねえです！　もう盛りのついた、猫背のメスの猿なんです！　どうしたらいいべ！

盛りまくる!!

～あまちゃん第113回「おらのハート、再点火」より

これは、家族経営の芸能事務所で、アイドルとして再スタートを切ろうとする主人公のアキと、憧れの元アイドルであり師匠でもある鈴鹿（薬師丸ひろ子）が話す場面です。

芸能活動にあれこれ口出しをするアキの母・春について苦言を呈する鈴鹿に対し、いやそんなことはどうでもいいです恋愛したいんですができないんです、とまくしたてるアキ。

この一連の流れにおける、決め台詞はどこかといえば、これでしょう。

「もう盛りのついた、猫背のメスの猿なんです！」

いや、こんな国民の心を揺るがせた名台詞に関して、私みたいな一介の小娘が偉そうに解説するのもどうかと思いますが、言わせてください。

ここでアキちゃんは、ドラマに勢いをつけたんです。

ドラマは勢いが命です。そしてドラマに勢いを出すには、もちろん役者さんの演技力も大事ですが、台詞も重要な要素の一つであるはずです。脚本に書かれたものが「勢いのある言葉」だからこそ、役者さんはその勢いに乗った演技を見せてくれるんです。

「欲求不満なんです！」と叫んでから、アキちゃんはいかにして勢いよく飛び出すのか。決め台詞にいたるまでの言葉を見てみましょう。

①恋愛禁止のＧＭＴ（アイドルグループ）↓欲求不満　小

②辞めて意中の人に告白。両思いだった。

③が、ようやく恋愛できると思ったら、予備校のCMが決まってしまって、また1年間、恋愛禁止↓欲求不満　大
④1年なんて無理です！↓叫び
⑤もう走り出した恋の汽車は止まりゃしねえです！↓暴走！

そして暴走を決定づける決め台詞。

ここで恋愛的欲求不満の状態を示す慣用表現として、「盛りのついた猫」とか「メス猿」という言葉を選ぶのは妥当でしょう。

しかし、クドカンこと天才脚本家である宮藤官九郎さんは、アキちゃんの暴走状態をあらわすために、様々な語を暴走機関車の荷台にてんこ盛りにするのです。

「とにかく欲求不満である！」と関連するものとして挙げられる、

・盛りのついた
・猫
・メス
・猿

・猫背（これはただのアキの特徴）

を全部盛り！

〈もう盛りのついた、猫背のメスの猿なんです！〉

という言葉の塊にして、勢いよく発車！

こんなふうに表現を過剰に盛りまくることで、「普通じゃおさまらないとんでもない勢い」を出すことに成功しています。

これは、アキちゃん何おかしなことを言ってるの？（笑）、という視聴者の笑いを期待するだけではなく、ドラマとして、アキちゃんの今後に勢いをつけるために、この台詞が生み出されたた……というのが私の考えです。

劇中のアキちゃんは計算できない天然美少女ですが、宮藤官九郎さんは計算し尽くしの策士。マニア受けする笑いがちりばめられたこのドラマが、広い層に受け入れられたのも当然の結果ですよ！　ほんとに！

とにかく気持ちの勢いを文章で伝えたい時、思いのたけをストレートにぶつけてみて、それでも表現し尽くせなかったら、表現を盛りまくってみたら、そこから新しい表現が生まれるかもしれません。

気持ちがあふれると、抑えきれない。

まとめてみた

1、**言いたいことをひと言にする。**
とにかく欲求不満である！
2、**言いたいことに、関連しそうな表現をできるだけ選び出す。**
盛りのついた。猫。メス猿。
3、**全部まとめてしまう。**
もう盛りのついた、猫背のメスの猿なんです！

一文はずしモデル

バズる言葉選び

よしもとばななの意味深力

突然、変なことを言う。

今のなんだろう？　いろんな想像を掻き立てられる。


会話の中に急に出てくるズレた発言。ふしぎな言い回し。

思わず「えっ、今の、どういうこと？」って聞き返したくなる。

そういう発言をする人っていますよね。

先日、友人たちと飛行機のフライトって慣れるものかね、どうかねという話をしてたとき、唐突に「でも私、バス乗るの好きだな」って呟いた子がいました。「へ、なんでいきなりバスの話？」と聞いても、「いやただ、そうなだけ」って答えになってない。どういうことなんだ。

意味深なことを言ってるのに、「なんでもない」ってはぐらかす……なんなんですかね。ひとりごとならひとりのときに言うべきだろう。

しかしこんなコミュニケーションが「有効」であることも私は知っています。

ええ、知ってるんですよ。

謎めいた台詞を聞いたときって、その真意を聞かないほうが「あれは一体なんだったんだ……」と想像がふくらみますものね。なんでもかんでも理路整然と説明するより、ちょっとくらい「説明不足」なほうが、楽しいんですよきっと。
この雰囲気作りが、文章でもうまい人っているんですよねー！

床に野菜くずが散らかっていて、スリッパの裏が真っ黒になるくらい汚いそこは、異様に広いといい。ひと冬軽く越せるような食料が並ぶ巨大な冷蔵庫がそびえ立ち、その銀の扉に私はもたれかかる。油が飛び散ったガス台や、さびのついた包丁からふと目を上げると、窓の外には淋しく星が光る。

私と台所が残る。自分しかいないと思っているよりは、ほんの少しマシな思想だと思う。

本当に疲れ果てた時、私はよくうっとりと思う。いつか死ぬ時がきたら、台所で息絶えたい。ひとり寒いところでも、誰かがいてあたたかいところでも、私はおびえずにちゃんと見つめたい。台所なら、いいなと思う。

〜よしもとばなな『キッチン』より

一瞬、「いまの一文はなあに？」と首をかしげたくなったのはこれ。

〉窓の外には淋しく星が光る。

冷蔵庫とか台所の話をしていたのに、いきなり窓の外の話。淋しく星が光る、ってどういうことだろう？　一番星が夜空でひとりぼっちで淋しげに光ってるってこと？　それとも都会のビル明かりが淋しそうってこと？　いろんな想像が掻き立てられます。

よしもとばなな先生は、この「星が光る」の説明をせず、「私と台所が残る」と続けました。星が光る説明を、しないの？　読み手は余韻にひたりたいのに、ひたらせない！！

本筋とは直接関係ないけど、関係ありそうな気もする、ちょっと気になる一文。これは料理に入れるひとさじのスパイスのごとく効きます。つまり文章全体に深みが増すのです。ほんまやで。

たとえば、こんな具合に。

〉私の青春時代といえば、ここ本郷で過ごしたものです。学生街の匂いというものがあって、嗅ぐと、当時の苦しい恋愛（ここでは長くなるので割愛しますが）とともに、当時受けていた授業のことを、まざまざと思い出します。あのとき受けていた授業が、いま私の血となり肉となっているわけです。

ただの思い出話でも、ちょろっと「当時の苦しい恋愛（ここでは長くなるので割愛しますが）」と脱線することで、文章に深みが出たような気がします。しかしそれは、あえて説明しない。後でフォローもしない。少し触れて終わり。ただそれだけなのに、なんとなく読後感がよくなるから面白い。

一見、無意味そうなものが、深みをもたせてくれる。

まとめてみた

1、内容を伝えるだけじゃなく、その場の空気感を伝える。
2、風景や、インテリアや、聞こえてくる音など。
3、あくまでも雰囲気なので、理屈では考えない。

二人称語りかけモデル

バズる言葉選び

山田ズーニーの一対一力

当事者意識を持たせる。

他ならぬ自分が動かなきゃ、という気持ちにさせられる。

心構え的な話になっちゃうんですが。

書くという行為の先には、絶対に「読み手」がいるはずなんです。

メールやSNSやブログはもちろん、日記だって、メモ書きだって、未来の自分に向けているわけだし。書いては消すホワイトボードですら、書いていくと同時に誰かが読んでいる。

読者のいない文章なんてない。

それなのに、なぜか文章を書いていると、読む人の顔が見えなくなっているときがあるんですよね。

不思議と忘れちゃうんです。書いていくうちにだんだん、相手が〝読者〟と呼ばれる集団ではなくて、〝一人ひとりの個人〟であるという事実を。

書いているのは「自分ひとり」です。二人で文章を書くなんて（実質的には）ありえない。もちろん共作や編集というスタイルはありますが、書いているときは基本的に自分ひとり。

同様に、その文章を読んでいるのも、どこかの「誰かひとり」。

二人で読むことはできません。二人いっぺんに目を通すことがあっても、「読む」という行為自体はひとりでしかできない。たとえその文章が一億人に読まれたとしても、読む人は「ひとり」の状態で読んでいる。

文章とは「自分ひとり」と、「誰かひとり」をつなげる作業です。

でも主体を誰にするかは、選ぶことができます。

主体には「私・僕（一人称）」「私たち・僕たち（一人称複数）」「あなた・君（二人称）」「みなさん（二人称複数）」「彼・彼女・○○さん（三人称）」が存在しますが、作家であり、文章インストラクターでもある山田ズーニーさんは、この文章において「あなた」という二人称を効果的に使っています。


文章は、あなたを連れ出し、あなたを広げる。

ネットのなかに星の数ほどあるなかで、

地道に文章表現のことをずっーとやってる、
「このコラム」を見つけてくれたこと自体、すでに、
あなたが文章を大事にしてきた証拠。

だから、日々、目に入る、耳に飛び込む文章は
あなたの中で正しく深く響き、ヒントになり、栄養となる。
嫌なものが入ってきても、それは多様性の1つとなり、
あなたの世界の広がりをさまたげない。
辛いときも、ふるいたたせてくれる文章を、
あなたはきっと見つける。

～山田ズーニー『おとなの小論文教室。』より

「あなた」に向けて書かれている（書き手）
↓
「私」に向けて書かれている（読み手）

この〝あなた〟という言葉がくり返されることで、文章が終始、「自分」に向けられている感じがするの、わかりますか？

ためしに頭の中で〝あなた〟を別の人称、たとえば〝みなさん〟〝私〟〝私たち〟などに置き換えたとしても、文章の内容自体は変わりません。

でも、ここで〝あなた〟という言葉が選ばれていることにより、読み手は「自分ひとりに強く向けられた文章」として読むことになります。

〝みなさん〟じゃ、「自分」に向けられているとは思えない。〝私〟だったら、他人事として読む。〝私たち〟だったら自分事として読めますが、〝あなた〟と比べると弱い。

強ければいいわけではありません。押し付けがましく感じられることもある。

でも書いているうちに、誰になにを伝えたいのかがぼやけてきたら、〝あなた〟に向かって書いているんだということを思い出してほしい。

どんな文章であっても、「あなた」に向けて書いているんだということを忘れたくない。だって書いているのは「わたし」ひとり、読んでくれているのは「あなた」ひとりなんだもん。

▼相手の顔を想像すると、新たに見えるものがある。

まとめてみた

1、主役が「私」や「僕」→○おしつけがましくない　×他人事になる

文章は私を連れ出し、私を広げてくれる。

2、主役が「あなた」や「君」→○自分事になる　×おしつけがましい

文章はあなたを連れ出し、あなたを広げてくれる。

3、主役が「みなさん」や「私たち」→間をとった感じ

文章はみなさんを連れ出し、みなさんを広げてくれる。

余韻増幅モデル

バズる言葉選び
岡本かの子の言い残し力

最後の一文を、情景描写で締める。

文章が一枚の写真になって、心に残る。

いい文章ってなんだろう。

もちろん、つかみやリズムや読みやすさも大事でしょう。だけど究極を言ってしまえば、文章なんて「読後感」さえ良ければ、なんだっていいんじゃないかと思っています。

「また会いたい」と思ってもらえる人になれればいいように、「また読みたい」と思ってもらえる文章が書ければいい。

読んでくれた人に、気持ちよく読み終わってほしい。

そのためにはどうすればいいのでしょうか。

同じ人でも、その日の髪型や服装によって相手に与える印象を変えることができます。そのために必要なのは、「相手にどんな印象を持ってほしいか?」という想像です。

文章も同じように、「どんな読後感を持ってほしいか?」を想像することによって、読み手に与える「読後感」をコントロールすることができます。

子を思えばわたしとても寝られぬ夜々が数々ある。わたしという覚束ない母が漸く育てた、ひとりのこども。わたしに許しを得て髪を分けたこども、一しょに洋行したこども。おとなびてコーヒーに入れる角砂糖の数を訊いて呉れるこども。フランスからひとりで英国のわたし達に逢いに来たこども。パリでは手を握り合ってシャリアピンに感心したこども。置いて日本へかえってからは寄越す手紙ばかりを楽しみにして居るわたし達、冬の灯りともす頃はことさら巴里の画室で故郷をおもうと書き寄越した手紙を読んだわたしは直ぐにもこの人を起こす。いつも寝入ればなかなか起きないこの人がたやすく起きる。そして涙ぐみつつふたり茶をのむ夜ふけ——外にはかすかな木枯らしの風。

いろいろ書いても…
余韻を残す
読後感を変える

~岡本かの子『愛よ、愛』より

〈そして涙ぐみつつふたり茶をのむ夜ふけ——外にはかすかな木枯らしの風。〉

という一文でしめくくられるこの文章は、直前までこどもと暮らした思い出が書き連ねられています。

だとすると、最後の一文には、普通だったら（少なくとも私だったら）、「私はいまでもたまに、あの日々を思い出すのだ」という雰囲気の、結論めいたしめくくりをしたくなるものです。

昔、国語の授業で習った「起承転結」が身に染み付いている証拠なのでしょうか……。私たちはどことなく最後の一文に、「まとめの一文」としての役割を追わせたくなりがちです。結論を最後に書かなければ、という強迫観念がつねにある。

でも最後の一文は、本当は「読後感」を生むために使われるべきものなのです。

たとえば「外にはかすかな木枯らしの風」なんて、寒くて乾いた情景描写で終わらせる。素敵なしめくくりじゃないですか。ほんの少し切ない思い出。余韻を残しつつ、どこか、書き手の思いを想像させる余白があります。

反対に、少しあたたかい感じで終わりたかったら、

〈そして涙ぐみつつふたり茶をのむ夜ふけ――暖炉の火に照らされた古い写真。〉

書き手は〝その夜ふけ〟を思い出すたびに、やさしい笑みをこぼしていそう。

そんな終わり方だったら、特にくわしい説明をしなくても、「いい思い出として残しているん

だな」という微笑ましい読後感をもたらすことができます。

最後は、あえて結論を言わず、あえてまとめず、情景描写だけにとどめる。

書き手は自由に読後感を作り、読み手が想像できる余地を生む。

そんなしめくくり方をするときは、身支度の最後に髪型をセットするような気持ちで、最後の一文を丁寧に吟味してほしい。

そして自分なりに「決まった」と確信してから、文章の手を離したいものです。


終わりよければ、すべてよし。

まとめてみた

1、どんな読後感を抱いてほしいか。
会えないこどもを想う老夫婦の切なさ。
2、読後感に合った行動を、言葉で描写する。
涙ぐみつつふたり茶をのむ夜ふけ――
3、読後感に合った背景を、言葉で描写する。
外にはかすかな木枯らしの風。

違和感モデル

バズる言葉選び

ナンシー関の警告力

批判は自分のためにしない。

ああ私ぼーっとしてた。気づかせてくれてありがとう。

挿入

武田鉄矢が人気者であると思うたび、私は日本という国が嫌になる。武田鉄矢を受け入れるというのが日本人の国民性だとするなら、私は日本人をやめたくなる。

「実録！芸能界スター出世㊙話　ザ・立志伝」という番組。スターに苦労時代の思い出話を語らせてそこから教訓を得ようという、ヘタをすればものすごく嫌なものになりかねない企画が、ヘタをしてしまったというやつ。故意に、小林幸子、泉ピン子、吉幾三、大仁田厚といったコテコテないかにもという人選をすることによって、もしかしたら「立志伝」というものを形骸化させて笑いものにできるんじゃないかというはかない希望（あったかどうか知らないが）も、本人たちのオーラの前に粉砕された。

↓武田鉄矢への悪口から、話をそらす

武田鉄矢に話を戻す。武田鉄矢は暑苦しい。すべてにおいてなんか過剰だ。武田鉄矢のどこが嫌いなのかを歯をくいしばって考えてみよう。
私は、武田鉄矢にも認めるべき「仕事」があったことは否定しない。私も「金八先生」を見て泣いたこともあるし（ちょっと恥ずかしい）、卒業式で「贈る言葉」を歌う学校があったとしてもしようがないとも思う。でも、それはそれとして「でも武田鉄矢は嫌い」というのが世間の感情だと思っていた。「仕事」と「人」を分けて考えることが難しい芸能界の状況であることはわかっているが、それでも武田鉄矢に限ってはそうではないと思っていた。↓「みんな」への批評
いい仕事をすれば人気も上がる、という全くの正論さえ武田鉄矢には当てはまらないと信じていた。それは武田鉄矢には、人を辟易させる過剰さがあるからだ。

～ナンシー関「武田鉄矢」より

私は批判という毒をあえてネットの海に流すなら、「みんな」を意識できるようになってからだ！　と自分をしばしば戒めています。
中には「批判で注目を集める」というスタイルのご意見番もいますが、なかなか私のような素人が真似できることではありません。批判で人気になれば、また批判を求められるようになり、

なかなか大変そうです。

そうはいっても、「良くない」「面白くない」と思う物事に対して、なにか意見を言いたくなるときはありますよね。

みんなが同調している中に、「反対意見を放り込んでみたい」という天の邪鬼な欲求が生まれることもあるかもしれない。

でも、個人を否定したり、傷つけたりせずに、自分の〝違和感〟を表現する方法なんてあるんでしょうか。

そんなことを考えていたとき、この一文からヒントを見つけました。

〉武田鉄矢が人気者であると思うたび、私は日本という国が嫌になる。武田鉄矢を受け入れるというのが日本人の国民性だとするなら、私は日本人をやめたくなる。

ナンシー関さんの毒舌は、そこらの批判とは格が違う。

この文章のポイントは「私は武田鉄矢が嫌いだ」と主張しているわけではなく、「私は武田鉄矢を受け入れる国民性が嫌いだ」と主張しているところ。

ここだけ読むと、単なる悪口に見えてしまいそうですが、ナンシーさんの批評にはちゃんとした計算があります。

たとえば、文章の冒頭では「武田鉄矢を人気者扱いする日本人の国民性が嫌いだ」とびっくりさせますが、すぐに武田鉄矢から「実録！芸能界スター出世㊙話　ザ・立志伝」に話題を変えている。武田鉄矢をからめた批判から、「なぜかというと……」という理由に直接つなげることなく、かわりに武田鉄矢に代表されるような〈日本の芸能人の「コテコテ」さに対して辟易している〉という〝余談〟がはさまれています。

武田鉄矢の話題からいったん離れることにより、武田鉄矢そのものではなく、〝武田鉄矢にまつわるなにか〟にターゲットをずらしているのです。ちょっとワンクッションを置く効果をもたらしているわけですね。

そうはいっても、続いてナンシー関さんは「武田鉄矢のどこが嫌いなのかを歯をくいしばって考えてみよう」と自問していて、〝武田鉄矢のことが嫌い〟という個人的な感情だけを扱っているようにも見えます。

しかし、ナンシー関さんは、武田鉄矢さんの仕事を評価しているんです。金八先生のドラマや主題歌はいいと思っている。だけど同時に、その「仕事の功績」と、「武田鉄矢さん自身の人柄」への評価は別モンだって、みんなに気づいてほしいと訴える。仕事は好きでも、人柄は嫌い。でも日本の国民性は、それを分けて考えないから、武田鉄矢全体が人気者だと思い込みがちだという。

つまり、この文章は「分けて評価できない〝わたしたち〟」について批判的に考えてみようと言っているわけですね。

わかりますか。「私の武田鉄矢に対する気持ち」を扱っているように見えて、実は「みんなの武田鉄矢に対する気持ち」を問うている。

話をわかりやすくするために、ナンシー関さん自身の感情（「嫌いだ」）から話していますが、実際はみんな（つまり国民性やテレビ視聴者一般など）の感情について、批判する文章になっています。

だから毒舌なんだけど、ただの悪口としては読めないのです。

こんなふうに、批判の入り口は「私がこのことに対して違和感がある」でもいいけれど、「それはなぜ？」ともっと思考を進めて、「自分も含めたみんなの違和感」にたどりつくことができたら、単なる誰かへの悪口を超えられるはず。

悪口は誰かを深く傷つけるけど、自分たちへの批評にすれば、傷は小さく、その傷はやがて必要になる傷かもしれません。

常識を疑っている人だけが見つけられる事実がある。

まとめてみた

1、違和感を言葉にする。
武田鉄矢が嫌い。武田鉄矢を人気者扱いする日本人の国民性も嫌い。

2、違和感から、自分の感情を切り離す。
「金八先生」や「贈る言葉」は日本人の記憶に残っている。

3、みんなに対する違和感を、言葉にする。
「仕事」をした武田鉄矢と、「人」としての武田鉄矢を一緒にしているんじゃないか。

白い肌
雪の肌
モデル

バズる言葉選び

ビジネス書の隠喩力

大人語を「子ども」の気持ちで言い換える。

ああ、そういうふうに置き換えてもらえると理解しやすい！

> グーグルやフェイスブックなどのアルゴリズムは、いったん全知の巫女として信頼されれば、おそらく代理人へ、最終的には君主へと進化するだろう。（中略）誰もが同じ巫女を利用し、誰もがその巫女を信用しているときには、巫女は君主に変わる。
>
> 〜ユヴァル・ノア・ハラリ『ホモ・デウス　テクノロジーとサピエンスの未来』より

メタファー

メタファーで変化を表現

例文は『ホモ・デウス』という広く一般向けの本から抜粋したもの。

前作（『サピエンス全史』）から続き、この本も人気になった理由は、内容の面白さだけではなく、著者の「文章表現のうまさ」にもあると思います。

特に、ここで使われている「巫女」「代理人」「君主」というメタファーは、ほんとに秀逸です。まず、グーグルやフェイスブック、あるいはカーナビなどのアルゴリズムは、私たちに「こういう行動をとったほうがうまくいくんじゃないですか？」と提案してくれる「巫女」のような役割を担っている、と言います。

さらに、あなたがそれを「巫女」として信用するようになれば、それは次に、目的さえ伝えれば、あとはその目的に向かって勝手に行動してくれる「代理人」となる。

ユーザーから数えきれないほどのデータを収集し続けているアルゴリズムは、やがて途方もない力を持つようになる。あなたよりも「知る」ようになる。するともう、あなたの欲求を先回りして、あなたを操作する側に回って、決定を下しはじめるかもしれない。

というわけで、みんなが同じ「巫女」を利用し、信頼すれば、それは「君主」になる可能性があるんだと。

まとめると、

「巫女」→ユーザーの目的に応じて、アドバイスをくれる存在
「代理人」→ユーザーの目的に応じて、勝手に行動してくれる存在
「君主」→ユーザーの目的を察して、ユーザーを操作する存在

というメタファーになっています。

たしかに「グーグルやフェイスブックはあなたに個人的なアドバイスをよこす存在から、みんなの行動全体を操作する存在へ変わるのだ」と伝えられるよりも、「グーグルは巫女から、君主へと変わるのだ」と伝えられたほうが、ずっとわかりやすい。

これだったら、読書に費やせる時間が少ないビジネスマンも、手早く内容を把握できる。そして手早く内容を把握できたほうが、同僚や部下などにも「口コミ」しやすい。

メタファーは説明をわかりやすくする。それだけではなく、印象を強くする効果もある。

だからビジネス書のタイトルには、実は「メタファー」がいっぱい使われているんです。

・『さあ、才能《じぶん》に目覚めよう』トム・ラス：著（日本経済新聞出版社）

本来の意味としては「自分の中にある才能を発掘しよう」ですが、自分の知らなかった才能を知る行為を「目覚める」というメタファーで表現しているところがポイント。「掘り起こそう」や「発見しよう」だと能動的なエネルギーを必要としそうですが、「目覚めよう」だけだったら、ただ眠ってるものを起こすだけだから、あまり努力しなくても良さそうな感じがします。

・『ブルー・オーシャン戦略』W・チャン・キム／レネ・モボルニュ：著（ランダムハウス講談社）

いまやビジネス用語として定着したメタファー。レッドとブルーという明確なコントラストをつけたところがポイント。「レッド」って加熱しすぎるイメージがあります。「レッドカード」「レッドゾーン」などは、なんとなくやりすぎなイメージがありませんか。どうせオーシャンに行くなら、ブルーのほうに行きたいですよね。

・『アニマルスピリット—人間の心理がマクロ経済を動かす』ジョージ・A・アカロフ／ロバート・シラー：著（東洋経済新報社）

人間の心の中にある〝理性ではない部分〟を「本能」ではなく「アニマル・スピリット」と表現。「アニマル」がメタファー。人間にはいくら考えているつもりでも、衝動的に行動してしまう側面がある……そんな動物っぽい感覚が伝わってきます。マーケティングだけでは動かせないものの正体が、解き明かされていそうな気がする。

・**『影響力の武器　なぜ、人は動かされるのか』ロバート・B・チャルディーニ：著（誠信書房）**

言うまでもなく「武器」がメタファーですが、本当は「影響力という武器」にしたほうが日本語的には伝わりやすい。けど、そこをあえて「影響力の武器」とすることで、ただ「影響力は武器になるよ」という気づきを与えるだけではなく、「武器としての影響力の使い方」という実用的な印象までも、ひと言で生み出している。

「メタファー」って文学用語だから、文芸っぽいというか、普通の文章を書く上では必要ないんじゃないか？　と思っている人は多いでしょう。でも実は「わかりやすく伝えたい」「記憶にとどめておいてほしい」部分に対して使うのは効果的なんです。

理解してもらうために、長い説明を要すること。

それをなにかすぱっと言い表せるメタファーはないか。一度は検討してみる価値はありますよ。

ひと言にまとめれば、みんなの心に届く。

まとめてみた

1、言いたいことはなにか？
メガネは見た目も大切です。

2、もっと具体的に言うとなにか？
メガネは単なる視力の矯正器具ではなく、顔の印象を左右する大切なパーツです。

3、要するにもっと簡単に言うとなにか？
メガネの見た目は、顔の見た目にとっても大切です。
↓
「メガネは顔の一部です」――東京メガネ

緊張と緩和モデル

バズる言葉選び

又吉のかぶせ力

「真面目」と「脱力」を組み合わせる。

ギャップがありすぎて、吹き出してしまう！

十年以上前の話だが、当時お付き合いしていた女性から「今日は何の日?」と聞かれたことがあった。六月十三日だった。その瞬間、脳裡に太宰の顔が浮かんだが解らないと答えた。彼女は「初めてキスした日だ」と僕に告げた。そうだ、僕が生まれて初めてキスをした日だった。しかし何故か太宰のことが気に掛かり頭から離れないので本を開いてみると、六月十三日は太宰治が玉川入水した日であった。

ギャップ!!

「ファーストキスが太宰の命日」

ギャップ!!

大人気のアイドルがリリースしても絶対に売れない曲のタイトル。

笑いでしかない……

ちなみに太宰の奥さんの名は「みちこ」で僕の当時の彼女も「みちこ」だった。少し奇妙な縁に驚きながらも、僕はますます太宰に惹かれていった。

〜又吉直樹『第2図書係補佐』より

笑える文章を書ける人は、うらやましい。

くすっと笑っちゃったら、もっと続きが読みたくなるし、げらげら笑っちゃったら、書き手のことを絶対好きになっちゃうよ！

けどそのぶん、文章で人を笑わせることは難しい。文字を並べるだけで、どーしたら「おかしさ」を生み出すことができるのか、見当がつかない。

しかしそれでも挑戦したい！　というわけで、この方から勉強してみました。言葉でも文章でも面白い、笑いの天才、又吉直樹さん。

又吉さんの文章が面白いのは、もちろんお笑い芸人としてのスキルによるものもあるでしょう。でもそれ以上に、文章のテンションが絶妙なんです。

なにが絶妙って、笑わせるぞ！　という気合を「まったく見せない」ところ。

基本的に、ひとりでぼそぼそ喋っているようなテンション。読み手のことを意識しているのかどうかすらわからない。

でも、そのひとりごとをのぞき見する私たちは、笑いをこらえることができない。笑わせようとしていないのに、笑ってしまう。

例文を見てください。これは又吉さんが、太宰治の短編小説『親友交歓』を紹介する文章の一部です。彼は太宰治の大ファンなのだけど、ここではファンになった経緯を述べています。で、例文は、ただの「私が太宰治を好きになった理由」を真面目に語るところです。なのに私、吹き出してしまいました、ほんとに。

ポイントはもちろん、ここです。

〉「ファーストキスが太宰の命日」

大人気のアイドルがリリースしても絶対に売れない曲のタイトル。

この文章のすごさをちょっと説明させてください。まず又吉さんは、〝ファーストキス〟という甘酸っぱい言葉と、〝太宰治が死んだ日〟という重い言葉が、重なっていることを述べています。読み手は「その組み合わせ、おかしい！」とつっこまざるをえません。

強面の人×ぬいぐるみ、ギャル×東大生、ごく普通のおばさん×美声の持ち主、など、私たちは「違和感のある組み合わせ」を見逃すことができません。「今日は何の日？」だなんて聞いてくる、昔の彼女との少しどきっとするエピソードのオチは、まさかの「ファーストキスの日なのに、自分が思い出したのは太宰の命日」というギャップ。

しかしこれだけではない。又吉さんの真価はここからです。「ファーストキスが太宰の命日」というキラーフレーズの後に、もうひとひねり、「大人気のアイドルがリリースしても絶対に売れない曲のタイトル」と、違和感をさらに強調するのです。ファーストキスと太宰治。さらにアイドル曲。このもう一歩の踏み込みで、私たちは負けてしまう。

たしかに大人気のアイドルは、「ファーストキスがなんとか」という曲を歌っていそうです。わかる。だけど、それが「太宰の命日」だとしたら？　甘酸っぱい青春のワンシーンと、国語の教科書で見たあの白黒写真が、頭の中で一瞬重なって、混乱しまくる。そして笑ってしまう。

笑いってなんなんでしょうね。さすがに法則化することは難しそうですが、一つだけ言えるのは、「違和感」に人は面白みを感じるってこと。おかしさは、違和感から生まれる。違和感からツッコミが生まれ、ツッコミから笑いが生まれる。

だから決して笑うべきではない真面目な場面を設定し、そこに真面目な「違和感」が加わると、笑いが生まれやすい……ということかもしれません。

一番我慢できないのは、お葬式における珍事。

まとめてみた

1、真面目なテーマを思い出す。

太宰治の命日。

2、真面目なテーマと、ギャップのある出来事を思い出す。

生まれて初めてキスをした日。

3、組み合わせてみて、ツッコミを入れる。

「ファーストキスが太宰の命日」大人気のアイドルがリリースしても絶対売れない曲のタイトル。

あとがき

私は文章が好きです。書くのも好きですが、読むのはもっと好き。でもたまに、文章の〝内容〟よりも、文章の〝外見〟――それはつまり「テンポ」だったり「構成」だったり「つながり」のこと――のほうが好きなのかもと思ったりします。「どんなことが書かれていたか」よりも、「どんなふうに書かれていたか」のほうが、記憶に残っていることが多いから。

一番ワクワクするのは、「新しい文体」に出会えたときです。もう、顔が赤くなるほどうれしい。〝文体ウォッチング〟は、子どもの頃からの私の大切な趣味なのです。

だからある言い回しが流行ってなのか、ビジネス文書に毒されてなのか、「正しい文章」を書こうとしてなのか、個性の失われた文章を発見するたびに、私はひとりで勝手に哀しんでいます。

みんなが同じような書き方をする世の中なんていやだ。

誰もがみんな、その人らしい言葉を自由に使えばいいじゃないか。

そんな個人的思想のもと、この本ができあがりました。

いちおう「自分にしか書けない文章で、他人に楽しんでもらう」ことを狙いとした文章テクニックを詰め込んだつもりです。

ただ私、少し夢中になりすぎていたのか、後で読み返してみたら、読点の打ち方だの、ひらがなの割合だの、視点の運び方だの、あまりにもマニアックすぎる内容に自分でも驚きました。

こんなマニアックな内容にもひるまず、いつもめちゃくちゃ速い返事とともにわかりやすく編集してくださったサンクチュアリ出版の橋本圭右さん、ありがとうございました。

それから、あまりにも素敵なイラストを描いてくださった白根ゆたんぽさん、引用させていただいた憧れの作者の皆様（勝手にあれこれ言ってごめんなさい！）、この場を借りて心より感謝申し上げます。

そしてなによりも、この本を手に取ってくださったあなた。

本当に、本当に、ありがとうございます。

これからも、ずっと楽しく「自分の文章」を書き続けられますように。

勢いにまかせて生まれたこの本が、あなたの表現活動の小さな助けになることを願って。

三宅香帆

引用文献

●阿川佐和子「たったオノマトペ」(『ベスト・エッセイ 2018』光村図書出版、2018 年)
●秋元康「ポニーテールとシュシュ (作詞)」(AKB48 楽曲、多田慎也作曲、2010 年 5 月 26 日キングレコードより発売)
●有川浩「バナナはもうイヤ」(『倒れるときは前のめり』KADOKAWA、2016 年)
●井上都「揚げもの」(『ベスト・エッセイ 2017』光村図書出版、2017 年)
●上野千鶴子『ひとりの午後に』(NHK 出版、2010 年)
●上橋菜穂子、瀧晴巳「自分の地図を描くこと」(『物語ること、生きること』講談社、2013 年)
●永麻理「照れる人」(『ベスト・エッセイ 2017』光村図書出版、2017 年)
●岡本かの子『愛よ、愛』(メタローグ、1999 年)
●恩田陸「読書の時間」(『小説以外』新潮文庫、2008 年)
●開高健『頁の背後』(『開高健全集 22』新潮社、1993 年)
●かっぴー「「何かやりたい」という未熟な欲求」(2018 年 12 月 17 日「note」更新、https://note.mu/nora_ito/n/nacfa6881b294、2019 年 5 月 12 日現在 URL より引用)
●岸政彦『断片的なものの社会学』(朝日出版社、2015 年)
●北原白秋「桐の花とカステラ」(『日本近代随筆選 1　出会いの時』岩波文庫、2016 年)
●宮藤官九郎『NHK 連続テレビ小説「あまちゃん」完全シナリオ集 第 2 部』(角川マガジンズ、2013 年)
●近藤麻理恵『人生がときめく片づけの魔法』(サンマーク出版、2010 年)
●齋藤孝『人生は「動詞」で変わる』(集英社文庫、2018 年)
●さくらももこ「名前の分からない物の買い物」(『さるのこしかけ』集英社文庫、2002 年)
●佐々木俊尚「個人の狂気を見い出すフィルタリングシステム」(2009 年 6 月 9 日 CNET　Japan ブログ「ジャーナリストの視点」更新、https://japan.cnet.com/blog/sasaki/2009/06/09/entry_27022912/、2019 年 5 月 12 日 現在 URL より引用)
●しいたけ.「合宿とポロリ」(2018 年 8 月 21 日「しいたけオフィシャルブログ」更新、https://ameblo.jp/shiitake-uranai-desuyo/entry-12399322018.html、2019 年 5 月 12 日 現在 URL より引用)
●塩谷舞『これから描きたいのは、「バズ」よりも「調和」』(2018 年 7 月 31 日「note」更新、https://note.mu/ciotan/n/n7b0015558033、2019 年 5 月 12 日 現在 URL より引用)

●紫原明子「手の中で膨らむ」ブログ「年齢ってなんだろう。不自由な子どもから、自由な大人に生まれ直す時」（2017 年 7 月 13 日更新、2019 年 5 月 12 日 現在 URL より引用）
●司馬遼太郎「街道をゆく（三）北国街道とその脇街道」（『司馬遼太郎全集第 49 巻』文藝春秋、1984 年）
●高田明『伝えることから始めよう』（東洋経済新報社、2017 年）
●瀧本哲史『戦略がすべて』（新潮新書、2015 年）
●武田砂鉄「鼻毛に背負わせすぎ」（『ベスト・エッセイ2017』光村図書出版、2017年）
●谷崎潤一郎『痴人の愛』（新潮文庫、1947 年）
●俵万智『サラダ記念日』（河出文庫―BUNGEI Collection、1989 年）
●ナンシー関「武田鉄矢」（『ナンシー関の耳大全 77―ザ・ベスト・オブ「小耳にはさもう」1993-2002』武田砂鉄編、朝日新聞出版、2018 年）
●橋本治「自己承認欲求と平等地獄」（『思いつきで世界は進む』ちくま新書、2019 年）
●林真理子「“ふ、ふ、ふ”な女」（『美女入門』より抜粋、『anan』1998 年 2 月 6 日号所収）
●ユヴァル・ノア・ハラリ『ホモ・デウス（下）　テクノロジーとサピエンスの未来』（柴田裕之訳、河出書房新社、2018 年）
●藤崎彩織『読書間奏文』（文藝春秋、2018 年）
●星野源『そして生活はつづく』（文春文庫、2013 年）
●又吉直樹『第 2 図書係補佐』（幻冬舎よしもと文庫、2011 年）
●松井玲奈「9/23」（2018 年 9 月 23 日「松井玲奈オフィシャルブログ」更新、https://ameblo.jp/rena-matsui-official/entry-12406981469.html、2019 年 5 月 12 日 現在 URL より引用）
●三浦しをん「とっさの一言マナー」（『お友だちからお願いします』だいわ文庫、2018 年）
●三島由紀夫『鹿鳴館』（新潮文庫、1984 年）
●向田邦子『夜中の薔薇』（講談社文庫、1984 年）
●村上春樹『ダンス・ダンス・ダンス』（上）（講談社文庫、2004 年）
●村田喜代子「ゴジラよ、瞑れ」（『ベスト・エッセイ 2017』光村図書出版、2017 年）
●森鷗外『雁』（新潮文庫、2008 年）
●山極寿一「ハミングで楽しい気分満喫」（『ベスト・エッセイ 2018』光村図書出版、2018 年）

●山崎ナオコーラ「「ブス」の自信の持ち方」（https://43mono.com/series/busu_jishin/busu_mokuji/、2019 年 5 月 12 日 現在は本文非公開）
●山田ズーニー「文章と相思相愛」（2018 年 7 月 25 日『おとなの小論文教室。』更新、https://www.1101.com/essay/2018-07-25.html、2019 年 5 月 12 日 現在 URL より引用）
●よしもとばなな『キッチン』（角川文庫、1998 年）
●J・K・ローリング「＜全訳＞ハリポタ作者、JK ローリングがスピーチで語る「失敗がもたらす恩恵」とは」（2017 年 5 月 13 日 WORKAHOLIC 更新、https://story-is-king.com/post-466、2019 年 5 月 12 日 現在 URL より引用）
●綿矢りさ「亜美ちゃんは美人」（『かわいそうだね？』文春文庫、2011 年）

本書を制作するにあたり、以上の文献から作品の一部を抜粋させていただきました。この場を借りてお礼を申し上げます。

参考文献

●亀井孝・河野六郎・千野栄一編『言語学大辞典 第 6 巻 術語編』（三省堂書店、1996 年）
●石原千秋『大学生の論文執筆法（ちくま新書）』（筑摩書房、2006 年）
●内田樹『街場の文体論（文春文庫）』（文藝春秋、2016 年）
●村上春樹『夢を見るために毎朝僕は目覚めるのです　村上春樹インタビュー集 1997-2011 (文春文庫)』（文藝春秋、2012 年）
●山田ズーニー『伝わる・揺さぶる！ 文章を書く（PHP 新書）』（PHP研究所、2001年）
●国語表現　改訂版（大修館書店）平成 30 年度版
●国語表現　改訂版（第一学習社）平成 30 年度版
●国語表現　改訂版（教育出版）平成 30 年度版
●国語表現（東京書籍）平成 30 年度版
●国語表現（京都書房）平成 30 年度版

本書を制作するにあたり、以上の文献を参考にさせていただきました。
この場を借りてお礼を申し上げます。

文芸オタクの私が教える
バズる文章教室

2019年6月15日　初版発行
2024年7月19日　第8刷発行（累計4万7千部※電子書籍を含む）

著者　三宅香帆

イラスト　白根ゆたんぽ
デザイン　井上新八
営業　二瓶義基・石川亮（サンクチュアリ出版）
広報　岩田梨恵子・南澤香織（サンクチュアリ出版）
編集　橋本圭右（サンクチュアリ出版）

発行者　鶴巻謙介
発行所　サンクチュアリ出版
113-0023　東京都文京区向丘2-14-9
TEL 03-5834-2507　FAX 03-5834-2508
http://www.sanctuarybooks.jp
info@sanctuarybooks.jp

印刷　株式会社 シナノパブリッシングプレス